世界の中の神道

佐藤一伯

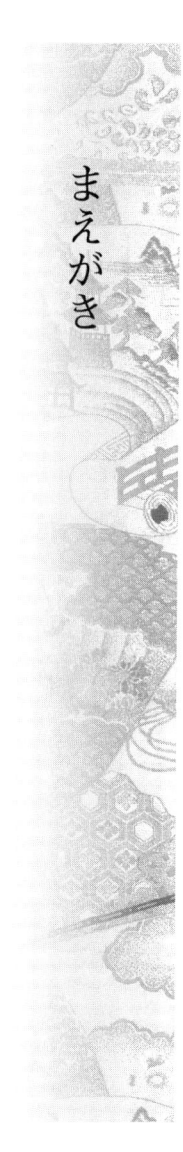

まえがき

恩師の藤原暹先生（昭和八年十月十一日〜平成二十一年七月十四日）は、晩年の論考「『日本学』へのアプローチ」（『日本学研究』二、平成十六年）において、次のように問題提起しています。

> 明治四年に国家事業として大規模な海外視察・岩倉米欧使節団が出発し、明治六年に帰国した。これは近代国家を目指す日本政府派遣の公的な海外視察（観察）であった。彼らが帰国する明治六年には既にそれまで海外学術事業を学んだ人達によって新しい学術を紹介・啓蒙する「明六社」が結成された。その学術発表機関誌として『明六雑誌』が発刊された。
>
> ところが、その前年に来日欧米人の日本学術研究の「日本亜細亜協会」が結成されていた。学術をめぐる歴史的事象として、この内外のほぼ同時的な現象はその後の新たな日本の学問の形を形成する上で重要な意味をもつ事になったのではなかろうか。

藤原先生はまた、明六社に先駆けた欧米人による日本アジア協会の活動に、近代の「日本学」の形成を求める立場を示した日本思想史学者の村岡典嗣の論文「日本学者としての故チャンブレン教授」（『続日本思想史研究』岩波書店、昭和十四年）に、「『日本学へのアプローチ』の原点を置く事は妥当な事であろう」とも述べています。

筆者は藤原先生より、岩手大学在学当時（昭和六十二年四月〜平成三年三月）から平成二十一年七月に逝去されるまで、二十年以上にわたり直々のご指導ご鞭撻を賜りました。とくに晩年のこのような洞察に導かれて、日本アジア協会で活躍したW・G・アストンや新渡戸稲造、加藤玄智の神道論について拙稿を発表してきました。その成果をもとにした本書は、藤原先生の日本学の視点を再確認し、推し進める側面を持っているように思われます。

第一章「世界の中の神道」では、右に述べた近代の日本学者の神道論を中心に紹介しています。

第二章「明治の聖徳」では、筆者が平成六年四月より平成二十一年三月まで奉職させていただいた、明治神宮の御祭神、明治天皇・昭憲皇太后の聖徳のうち、「五箇条の御誓文」、「教育勅語」、唱歌「金剛石」など、近代の神道の教えとして重要なものを中心に解説しています。

第三章「神社と崇敬」では、國學院大學研究開発推進センター（阪本是丸センター長）の慰霊と追悼研究会や研究紀要に発表した内容をもとに、明治神宮、靖國神社、護國神社、および現在筆者が奉職する御嶽山御嶽神明社など、近代に創建ないし再興した神社を中心に述べています。

本書に収められた文章が、神道の理解に少しでも役立つことが出来ましたら、幸甚これに過ぎるものはありません。

目　次

第一章　世界の中の神道

御嶽神明社・初詣の光景（野球部の必勝祈願）

一　初詣の意義

——明治改暦と日本の正月——

天皇陛下は平成四年（一九九二）十月、アメリカの科学雑誌『サイエンス』の「日本の科学」特集号に「日本の科学を育てた人々」（Early Cultivators of Science in Japan）というご論説をご寄稿になりました。日本の近年の科学的貢献は国際的に知られている反面、その歴史的経緯や背景については余りよく理解されていないので、この機会に海外の人々に紹介したいとの趣旨でご執筆になったものと伝えられています。その日本語原稿は、ハゼ科魚類に関するご論文とともに、『文藝春秋』平成十一年十月特別号に掲載されました（藤原暹「思想史上の『科学』と『実学』」）。

陛下はご論説において、『解体新書』の翻訳者である杉田玄白や、産科医の賀川玄悦が、医学の向上による治療や救済という、「人々への愛」を動機として蘭学に志したことを特筆され、次のようにご指摘になりました。

　蘭学ならびにヨーロッパの科学を学んだ人々は、日本の科学の向上に尽くしたばかりでなく、世界の情勢に通じ、開国や開国後の日本の在り方に影響を与え、日本が開国とそれに伴う大きな変革の時期を乗り越えて発展するのに寄与した（「日本の科学を育てた人々」）。

そして、近代日本の発展に貢献した代表者に慶應義塾の創立者の福澤諭吉を挙げておられます。

今年、平成二十六年（二〇一四）は、明治六年（一八七三）の太陽暦実施より百四十一年にあたります。政府は明治五年十一月九日（太陽暦十二月九日）に、二十三日後の十二月三日を明治六年一月一日とする旨を突然発表しました（改暦の布告）。千数百年も慣れ親しんできた太陰太陽暦（旧暦）を急に廃止して太陽暦に改暦することは、当時の人々にとって驚天動地の大事件であったと想像されます。さらに、明治の改暦には暦法の根本的な変革のみならず、祝祭日の変更や時刻法の改定、定時法の採用、神武天皇即位紀元（皇紀）の制定、週休制の導入など様々な要素が加わっており、当然ながらこうした大変革を断行せざるをえない理由もありました。まず、『明治改暦』の著者で「暦の会」会長の岡田芳朗氏の著述を頼りに、明治改暦の背景や意義について考えてみましょう。

日本は近代化を成し遂げるうえで、欧米諸国と同じ暦法を採用しなければなりませんでした。よって太陽暦の採用は明治維新以来すでに一部の人々が検討していましたが、問題は実施のタイミングです。明治六年暦の見本を政府高官が内覧した際、明治六年に閏六月があり、月給を十三回払わなければならないことが発覚し、ここに絶好の機会が到来します。当時、岩倉具視や大久保利通ら政府要人の多くが欧米に派遣されており、改暦は留守政府を預かっていた大隈重信や大木喬任が推進しました。この財政救済を契機とする改暦により、明治六年の閏六月が消滅したばかりでなく、わずか二日しかない明治五年十二月についても月給は不要として支給されませんでした。

改暦の詔が下されたものの、政府は詳しい説明や啓蒙の努力をほとんどしませんでした。しかし、改暦を成功させる上で、太陽暦を速やかに啓蒙することは重要不可欠な取り組みであったはずです。これに貢献したのが、改暦発表後に驚くべき早さで出版された、太陽暦の解説書・啓蒙書の数々でした。その中で大好評を博したのが、福澤諭吉の『改暦弁』です。わずか二十頁の小冊子に、太陽暦の仕組みや改暦の必要性、七曜の名称、西洋の時計の見方まで説明しています。福澤はこの著を改暦の報を聞いた日に、たった数時間で書き上げたといいます。太陽・地球・月の自転と公転の関係を、行灯《あんどん》の周りを回転する独楽《こま》に例えるなど、文章のわかり易さ・巧妙さは他の類書の追従を許さず、たちまち二十数万部を売り上げました。福澤諭吉は『改暦弁』によって、改暦と太陽暦の理解と普及に多大な貢献を果たしたのです。

和歌森太郎氏や大林太良氏が指摘したように、毎年決められた月日に年中行事が行われることは、進んだ暦の制度が確立し、年間の時間的リズムの体系が発達したことを意味しており、とくに漢字文化圏の東アジア(日本・朝鮮・ベトナムなど)では中国の年中行事体系の影響を強く受けてきました。正月、端午、七夕、八月十五夜などは、いずれも中国や日本・朝鮮・ベトナムで祝われてきた年中行事です。

太陰太陽暦から太陽暦への改暦が対外的・政治的理由から早急に実施されたことは東アジアの各国に共通しています。しかし日本ではその転換が比較的スムーズに行われたのに対し、中国や韓国では今でも春節・旧正月が盛大に祝われ、また農暦・旧暦による行事が盛んに行われています。もちろん、日本でも旧暦の文化が受け継がれています。岡田芳朗氏は明治の改暦における福澤諭吉のような民間の力強い支援が、中韓両国では行われなかったことが、その後の太陽暦の普及に影響を与えた要因の一つではないかと、重要な提起をしています（「改暦を成功させた民間の力」）。

八千万人にものぼる日本人が、毎年正月になると社寺に初詣に訪れることについては、諸分野の研究者によって様々な考察が行われています。かつて石井研士氏が学生を対象に、初詣に行く理由をアンケート（複数回答）したところ、「皆が行くから」という消極的理由は二割に満たず、「神仏に願い事をするため」が四割と多く、「厳粛な気持ちになるから」という回答も三割に見られました。このように正月に「一年の始まりの厳粛な時」を感じる日本人は少なくありません。しかし他方で、東京オリンピックや高度経済成長期を契機に、農耕儀礼的要素を含む正月棚や小正月行事が廃れ、「祖先の霊によって生命の更新を行わなくなった」、つまり民俗学が従来指摘してきたような正月行事は本質的な意味を喪失しつつある、とも指摘しています（『都市の年中行事』）。

民俗学では、正月行事は最も重要な年中行事であり、穀物霊にして祖先霊の性格をもつ歳神（トシガミ）をまつり、農耕生活の安泰と豊かな実りを祈る儀礼行事であるとして、柳田國男もこの点を強く主張しています。しかしながら、柳田が一方で次のように正月について語っていることにも注目したいと思います。

やはり正月がめでたい日であつたわけは、これが四イ時循環の一つの境目、古年の愁ひ憤りを打切つて、新たなる希望と計画に発足する日と、信じられて居たからである。さうでも無かつたといふ経験は、可なり積み重ねて居りながらも、なほ且つ正月の春立ちかへる毎に、倦まず撓まず、くりかへし新たなる楽観を立てて居た。つまり新年は願ひの日、又新しい注文の日であつて、古い勘定の精算の日でなかつた故に、何としてもこの日をめでたくしないでは居られなかつたのである(『新たなる太陽』)。

正月は新しい希望と計画の出発点という考えからは、「一年の計は元旦にあり」という諺や「一陽来復」という言葉が想起されます。「不毛な冬が過ぎ、豊穣の春がやってくる。一陽来復とは、本来、冬至の日を指していたが、今ではより広く春の訪れを、また永い逆境を脱して希望のあふれる日を迎えることを意味するようになっている」(大林太良『正月の来た道』)。

諏訪春雄氏は、時間と世の中の秩序が更新され、かつ人間の生命も新しい活力を得て再生するという正月の観念は、地球上の人類に普遍的なものと指摘します。古代の人間は、生命の永続の手本を自然界に、とくに太陽に求めました。「世界中いたるところでひとしく暦の一年の単位が太陽によって決められ、正月行事がその一年のはじめにすえられたのは、……食物の獲得方法と太陽光線の強弱の繰りかえしのリズムがふかくむすびついていたからであった」(『アジアの正月』)。

正月をいつと定めるかには変化があるものの、時間や秩序、生命の更新という正月の観念は人類に普遍的なものであるとの視点は、明治改暦以降の近現代の正月を考える上で、きわめて意義深いものと思われます。

二　平和と生活の道――ＧＨＱの神道観――

正月や初詣などの日本文化は、国際交流の歩みと深く関係しています。では、日本の神道は海外でどのように理解されてきたのでしょうか。ここでは、終戦後のＧＨＱ（連合国軍最高司令官総司令部）の神道観について、総司令部民間情報教育部宗教文化課編（文部省宗教研究会訳）『日本の宗教』（国民教育普及会、昭和二十三年）をもとに見ていきましょう。同書第六章「神道――本質と型」によると、「神道」は「国家神道」より広い意味を持っており、「一個の宗教としては、その信仰や宗教行事を維持し布教する自由」を有していると言います。そして、

神道は、自然的環境と人間的環境に対する、人間の多様な反応の綜合物であり、日本人の思想と習慣の組織の中に織り込まれた切り離すことのできない「生活の道」なのである。そのイデオロギーの或るものは、世界の脅威になった。しかし、その中には単純な、ナイーヴな、そして政治的に無害なイデオロギーも沢山ある。そして、その教義には、本来ならば国民が、より高い教養を得て、国民生活を絶えず豊かにするに価値あるように思われるものがかなりある。

と述べ、神道が日本人の「生活の道」であるとの見方を示しています。さらに、

神道は、日本固有の宗教である。悠久の昔から、神道は日本人の生活の一部であったが、余り多くの外国の影響を受けたので、それを定義することは容易でない。一個の宗教としては、神道は、「カミ」として知られている各種の神々に関係をもつている。即ち、この神とは、本質的にみると、木や狐や山の精をはじめ、神格化された祖先や英雄や皇帝や、天照大神を主神とする八百万の神々までいろいろある。そして、これらの「神」の崇拝は、地域的国家的な伝統と密接な関係をもつ儀式や祭りを遵守することに中心を置いている。

と指摘し、地域や国家の伝統と密接な関係を持つ祭儀を中心にした、「日本固有の宗教」と捉えています。

本書について、昭和二十四年に神社同攷会（鎌倉市）発行の神道界の言論誌『悠久』が「新刊紹介」を掲載し、「日本人の宗教感情を占領下の短時日の間に是れ丈に客観化した努力に敬服」するとともに、「神道指令に依る国民の徒らな指向をも反省せしむるに足る読もの」と、冷静で客観的な記述を高く評価しています（『悠久』二―一）。また、『日本の宗教』に表れたGHQの神道観が成立する背景には、明治時代に活躍したイギリス人日本学者のW・G・アストンや、アメリカ人宣教師のD・C・ホルトム、日本の新渡戸稲造や加藤玄智など、欧米と日本の研究者の長期に及ぶ学術交流があったことも忘れてはなりません。同書の巻末には、「附録」として次のように神道関係の「英文参考書」を紹介しています。

W・G・アストン著『神道――神々の道』（一九〇五年、ロンドン、ロングマン発行）

主として古代の古神道を取り扱った書であって、神道の発展を学問的に述べたもの。

ロバート・O・バーロウ著『神道――征服されざる敵』（一九四五年、ニューヨーク、ヴァイキング・プレス発行）

国家神道を特徴づけた民族的優越と世界征服の教義の本質とその発展についての概観であって、特に日本語原本から引用してあるので価値がある。ホルトムに師事す。
D・C・ホルトム著『現代日本と神道国家主義』（一九四三年、シカゴ、シカゴ大学出版発行）
神道が日本の軍国主義者や極端な国家主義者達によって如何に利用されたか、またこの結果が仏教や基督教に如何なる影響を与えたかを説明しようとしている。
D・C・ホルトム著『日本の国民信仰』（一九三七年、ロンドン、ケガン・パウロ発行）
国家神道及び教派神道を包括的に扱ったもので、英文で書かれた神道に関する模範的な権威書。
D・C・ホルトム著『近代神道の政治哲学』（一九二二年、『日本アジア協会会報』第四十九巻第二号）
日本の政治宗教的立場についての包括的な研究。
加藤玄智著『神道の研究――日本民族の宗教』（一九二六年、東京、明治聖徳記念学会発行）。
最も知名な現代の日本神道学者によって書かれた神道に関する同情的な著述。
J・W・T・メーソン著『神ながらの道』（一九三五年、ニューヨーク、ダットン発行）
『日本の宗教』では、神道を「国家神道」「教派神道」「民間信仰」と三つに分類しています。この分類はアメリカの文化史家ロバート・O・バーロウが一九四五年十月に自国の一般読者を対象に著した神道書と同じであり、同書が『日本の宗教』の記述、つまりGHQの神道観形成に果たした役割も少なくないと思われます。

そこで、バーロウの『神道』を、生江久訳『神国日本への挑戦——アメリカ占領下の日本再生教育と天皇制』(三交社、平成二年)に拠りながら紹介し、終戦直後のアメリカの神道観について考えてみましょう。バーロウは第十章「希望の光」なかで、神道について次のように述べています。

神道の古い教義に本来そなわっている力は、侵略戦争において国民を一致団結させる驚くべき力強い基盤となったと同じように、明らかに、平和で善意に満ちた進歩的世界を作るための強力な潜在能力なのである。

このように、神道を「平和で善意に満ちた進歩的世界を作るための強力な潜在能力」と捉えた、バーロウ著『神道』の各章の記述に影響力のあった文献を確認してみると、第一章「なぜ神道なのか」では、D・C・ホルトム『現代日本と神道国家主義』(一九四三年)からの長文の引用があり、神道のイデオロギーに注目する上で重視されたといえます。第二章「日本人と神道の起源」ではホルトムの論文「神の語義」(一九四〇〜一九四一年)、W・G・アストン『神道』(一九〇五年)など、第三章「民族の優越性の神話」では加藤玄智の論文「日本人の宗教的観念の発達についての考察」(一九二四年)、アストン『神道』などを参照しています。第四章「初期神道の儀式と倫理」では新渡戸稲造『日本文化の講義』(一九三六年)、第五章「仏教の伝来」では加藤玄智前掲論文、第六章「天皇の没落」では新渡戸稲造『武士道』(一九〇〇年)、第七章「国つ神への回帰」では、E・サトウ「純神道の復活」やホルトム『現代日本と神道国家主義』、第八章「王政復古」ではA・M・ナップ『封建時代と現代の日本』（一九〇六年）などの参照が顕著です。第九章「悪魔が聖書を引用する」ではホルトム『現代日本と神道国家主義』の引用が豊富に見られるとともに、章末にB・H・チェンバレン『新宗教の発明』（一九一二年）が紹介され、第十章「希望の光」では、新渡戸稲造『日本文化の講義』の引用で結びとなります。

バーロウの『神道』については、『日本の宗教』「附録」（英文参考書）において、「国家神道を特徴づけた民族的優越と世界征服の教義の本質とその発展についての概観であって、特に日本語原本から引用してあるので価値がある。ホルトムに師事す」と紹介されています。この評価は、とくに近代以降の神道をとりあげた第九章「悪魔が聖書を引用する」の記述に照らして妥当なものといえます。しかし本書全体を見た場合、ホルトムにとどまらず、チェンバレンやアストン、サトウ、新渡戸稲造、加藤玄智ら、日本アジア協会で活動した他の日本学者による研究成果の活用が確認できるように思われます。

三　農業国民の宗教
——W・G・アストンの神道観——

イギリスの外交官であり日本学者のウィリアム・ジョージ・アストン（一八四一〜一九一一）は、アーネスト・サトウ、バジル・ホール・チェンバレンとともに、明治時代のイギリス人三大日本学者に挙げられます。北アイルランドで生まれ、クイーンズ大学卒業後に日本のイギリス領事館の日本語見習通訳、のちイギリス公使館の日本語書記官となり、この間に朝鮮のイギリス総領事も勤めました。編著書・訳書に『日本語口語小文典』（一八六九年）、『日本語文語文典』（一八七二年）、『日本紀』（一八九六年）、『英文日本文学史』（一八九九年）、『神道』（一九〇五年）などがあります。

アストンの神道研究の代表作『神道』の日本語訳には、補永茂助・芝野六助訳『日本神道論』（明治書院、大正十一年）と、安田一郎訳『神道』（青土社、昭和六十三年）があります。ここでは大正十一年発行の『日本神道論』をもとに、アストンの神道観を紹介します。

アストンは『神道』の序文で、神道の研究に「消極的、懐疑的」（negative or agnostic）ではなく「積極的」（positive）な立場で臨むべきだといいます。また、神道の資料について触れた第一章では、『古事記』『日本書紀』などから、神道は「国家的宗教」（the State religion）であることが察せられる一方、

「民間信仰と行事」(the poolar beliefs and practices)は、古代の記録が少ないと述べています。

総論にあたる第二章から第四章では、日本語には抽象的言語が著しく欠乏し、ギリシャやローマの神話のような擬人的抽象の表現が日本神話にはほとんどなく、自然物の創造生成の勢力を擬人法にした伊邪那岐命・伊佐那美命や、生成の神である産霊神でさえ、本源は中国哲学の陰陽などに遡るのではないかと推測しています。神道は自然崇拝の特色が大きく、人間崇拝の方が寧ろ僅かであり、人を神にする根本の理由は、生前の性質等への評価から起るもので、自然神と団体の中心人物とを先祖と称するのは、実の祖先崇拝ではないと指摘しています。神々は自然神の個々の役割を超えて人間を加護した例が数多く、天照大神(日の女神)が世界に光を与えるのみならず、愛する人間のために五穀の種を供給し、特に子孫である天皇の幸福を守っています。風雨の神である須佐之男之命は、有用な種々の材木の供給者でもあります。事実上すべての神が豊年や恵みの雨のために、菅原道真を祀る人間神の天満宮にさえも祈りが捧げられ、どの神も地震を起し、疫病をはやらせることが出来ます。神道のこのような性質の自然崇拝は、多神教でありながら、太陽のような只一つの自然神を崇拝するような思考もできます。そして、自然物や自然の現象を、人間に擬する想像力にとどまらず、生命ある万物を一神教的な自然神としても崇めます。ただしこのような思想には大きな科学的知識が必要であり、古代の日本人は断片的に、綺麗な幻影の光を持っているに過ぎないと述べています。

神話を論じた第五章・第六章では、宗教的神話の比喩は「真実を暗示するもの」で、霊魂観の「有形的表象」(physical symbols)との見方を示し、日本神話の真理について次のように述べています。

日本神話に伏在する主要な観念は、第一には宇宙の万物は感情的生命を有つた本能的の生物で、人間に対しては仁愛的思慮を廻らしつつあるといふことである。（此の観念は不十分ではあるがやや真理がある）次には、其のめぐみをして太陽の光と熱との如く人民の上に降らしめる君主を尊敬し服従すべしといふ教である。其の神話に実際この事を記してをる。そこで日本歴代の君主は日の女神の子孫だとせられてゐると思ふ。これが即ち君主の神的威光に関する日本主義の述べ方である。これらの生気ある要素が無かつたならば、日本神話は或学者が想像した通り荒唐無稽の混体に過ぎず、其の研究は生理学的で無く、精神病的となるのである。

日本の古い神話の観念を十分得るには、重複や矛盾、曖昧なことを含んではいても、記紀旧事記の直接研究を外にしては決して得られない。混沌の中から神が出現し、神世七代と呼ばれる時代の神の多くは、農業国民に大に必要な、発生についての神秘的な順序について注意している。第七代の神は伊佐那岐命、伊佐那美命の二神で、日本の神話は実はこの二神から始まる。また「天の岩戸」の物語は「日本神話中最も重要な部分」であり、「光明と暗黒との神話に属するもので歴代の朝廷にて行はれる神道の或る主要な儀式の始だといはれる」と指摘しています。

神道の神々についての第七章・第八章では、「日の女神」（The Sun-Goddess）すなわち天照大神が「神道中最も尊い神」であり、なぜなら、

太古の日本人は甚だ不十分な又きれぎれな風俗の中に、且つ彼等が直接に影響を受けつつある物理的現象の中に、殆ど専ら自然の神威を認めた。就中太陽の温熱と光線と彼等が日常の食物の

本源とが第一位を占めてをる。日本に太陽崇拝のあるのは、農業国民たる彼等には特に自然なことである。農夫の仕事の殆どすべてが、此の太陽をたのみ、太陽から支配せられてをるのである。と、日本の太陽信仰が「農業国民」として自然なことであると述べています。

また、天照大神の太陽的性質が不明瞭になり、日本人は「日輪様」「お天道様」として擬人化したと神観念の展開について触れ、その道徳的な面について次のように述べています。

神道は組織立つた道徳は含まないが、其の古い神話で話した如く、日の女神の性質の中に道徳的要素が少なからずある。日の女神は其の悪戯な素盞嗚尊のことについて勇気と寛容の徳を備へて居ることが察しられる。又月神が食物の神を殺したのを怒つて御自身の面前から追放した。又其の人間を愛護する徳のあることは五穀の種有用の食物を保存し又播種の法を彼等に示したことによつて証せられる。又岩戸から出て来られた時、神々人々のよろこんだのを見れば、日の女神が慈善心に富んで居られたことも肯かれる。

第九章では、ハーバート・スペンサーの「社会進化の初の段階に於ては、人事と神事とに幾んど区別が無い」という社会学の原理を紹介し、「天皇は最高の祭官でもあり、同時に帝王でもあつた。人事と宗教的儀式との間に明かな区別がなかつた」と述べています。

第十章では、「宗教的行為は、崇拝、宗教的制裁を有して居る限りについていふ道徳、儀式的清浄の三つを含む」として、そのうちの「崇拝」（Worship）について触れています。「崇拝」という語は「人に対する尊敬礼譲と神に対する崇拝とに適用」し、「神に対する崇拝は実は尊敬の別種ではなくて之を新方面に応用したものである。神を拝むほとんどすべての形式は、社会的尊敬の形式を借りたものである。」と、対人の「社会的尊敬の形式」を「新方面に応用したもの」と捉え、さらに「崇拝は人から人へ、又一時代から他の時代へ宗教的思想感情を通はす方法」であり、「神に対するのみならず人間仲間に対して行はれる」「重大な職分」があるとも述べています。

「供物」の項ではハーバート・スペンサーの「供物をする起りは、死人の墓に飲食物を遣つた風習が起原である。かくて先祖の霊が神の資格に昇るにしたがつて、死人にとて遣つた飲食物はやがて供物となつたのである。」という意見が「其の宗教起原論と一致する」と言い、「供物の起りは、報本反始の心を以て分けて置いた通常の肉の一片にあつたのであらうと思ふ」と述べ、その目的を次のように捉えています。

　供物をする普通の目的は、神に対する感謝である。祝詞に神の恩を報いるがため、将来の幸福を授けて貰はんがために供物をすることが甚だ多い。（祈年祭祝詞を見よ）又供物は謝罪のためにする時もある。儀式に記されてゐる罪ケガレを免かれるためにする時もある。故に供物のことを償《アガ》物《モノ》ともいふのである。

このほか、「人身御供〔Human sacrifices〕は、古書に見えた国家的神道〔the State Shinto religion〕の一部となつてゐない。併し、太古には実際これがあつたことが祭しられる」という「国家的神道（国家神道）」の用例も注目されます。

第十一章では、神道の道徳については古典にほとんど記載がなく、聖徳太子の十七条憲法は、「内

錦正社 図書案内 ⑥ 新刊

〒162-0041 東京都新宿区早稲田鶴巻町544-6
電話03(5261)2891 FAX03(5261)2892
https://kinseisha.jp/

現代語訳でやさしく読む

「中朝事実」 日本建国の物語

山鹿 素行原著、秋山 智子編訳

尊い国柄を次代に伝える

現代の私たちにも大きな価値を有し、儒教や仏教などの外来思想が入ってくる以前の日本古来の精神を究明し、わが国の国柄を明らかにした『中朝事実』を、やさしい現代語訳で丁寧にひもといていく。

定価3,080円
〔本体2,800円〕
四六判・320頁
令和6年6月発行
9784764601536

大和魂・大和心の語誌的研究

若井 勲夫著

日本人固有の魂・心の本質を見つめなおす

大和魂・大和心は、「魂」・「心」に大和を冠することによって、日本人の精神面・生活面において、どのように意識され、発想され、言語に表されてきたのか。

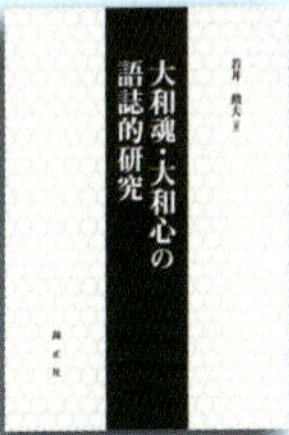

定価5,500円
〔本体5,000円〕
A5判・400頁
令和5年9月発行
9784764601512

伝統芸能と民俗芸能のイコノグラフィー〈図像学〉

児玉 絵里子著

時を超え意匠から鮮やかに蘇える近世期―珠玉の日本文化論

初期歌舞伎研究を中心に、近世初期の芸能（歌舞妓・能楽・琉球芸能）と絵画・工芸・文芸を縦横に行き来し、日本文化史を図像学の観点から捉えなおす。

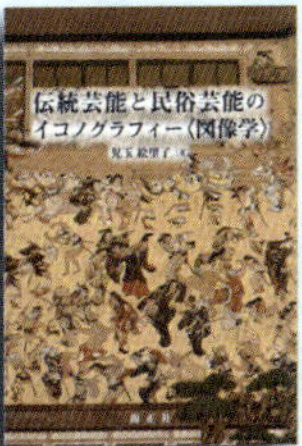

定価1,980円
〔本体1,800円〕
四六判・192頁
令和6年8月発行
9784764601543

初期歌舞伎・琉球宮廷舞踊の系譜考

三葉葵紋、枝垂れ桜、藤の花

児玉 絵里子著

数百年の時を超えて今蘇る、初期歌舞伎と近世初期絵画のこころ

初期歌舞伎研究に関わる初の領域横断研究。舞踊図・寛文美人図など近世初期風俗画と桃山百双、あるいは大津絵「藤娘」の画題解釈、元禄見得や若衆歌舞伎「業平踊」の定義などへの再考を促す、実証的研究の成果をまとめた珠玉の一冊。

定価11,000円
〔本体10,000円〕
A5判・526頁
令和4年7月発行
9784764601468

昭和晩期世相戯評

小咄　爛徳利

村尾　次郎著、小村　和年編

令和の今こそ読むべき昭和晩期の世相戯評

昭和五十三年から平成元年の十年にわたり週刊誌『月曜評論』の「声ある声」欄に連載した〝やんちゃ〟談義、全五百三十編のコラムのうち、たまたま耳目を驚かせた時事問題、旅先での経験や身辺の小事など、著者選りすぐりの二百五十八編を収載。洒脱な文章の中に「良き国風を亨け且つ伝える」という著者気概が溢れ、読む者に何とも云えぬ爽快感を与えてくれる。

定価2,420円
〔本体2,200円〕
四六判・288頁
令和5年2月発行
9784764601499

東京大神宮ものがたり

大神宮の一四〇年

藤本　頼生著

神前結婚式創始の神社・東京大神宮の歴史を繙く

神宮司庁東京皇大神宮遥拝殿として創建され、戦前期には広く「日比谷大神宮」「飯田橋大神宮」の名称で崇敬されてきた東京大神宮。伊勢の神宮との深い由緒と歴史的経緯を持ち「東京のお伊勢さま」とも称される東京大神宮の創建から現在までのあゆみを多くの史料や写真をもとに紹介。

定価1,980円
〔本体1,800円〕
四六判・328頁
令和3年12月発行
9784764601451

津軽のイタコ

笹森　建英著

知られざる津軽のイタコの実態をひもとく

津軽のイタコの習俗・口寄せ・口説き・死後の世界・地獄観・音楽・生活など、死者と交流をしてきた彼女たちの巫業や現状とは一体どういうものなのか？　長きに亘りイタコと関わり、研究を行ってきた著者ならではの視点から、調査体験に基づき多角的に実態を明らかにする。

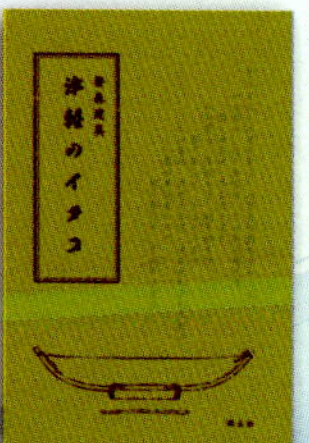

定価3,080円
〔本体2,800円〕
A5判・208頁
令和3年4月発行
9784764601437

好評第３刷

日本語と英語で読む

神道とは何か

小泉八雲のみた神の国、日本

What is Shintō?

Japan, a Country of Gods, as Seen by Lafcadio Hearn

平川祐弘・牧野陽子著

ハーン研究の第一人者である二人の著者が「神道」の核心に迫る

神道とは何か、この問いに小泉八雲を介し、客観的で分かりやすく纏めた一冊。日本文と英文がほぼ同じページ数で左右両側からそれぞれ読み進められるようになっており、日本の神道の宗教的世界観を世界に発信する。

定価1,650円
〔本体1,500円〕
四六判・252頁
平成30年9月発行
9784764601376

先哲を仰ぐ【四訂版】

平泉 澄著 市村 真一編

代表的日本人の心と足跡を識り、その崇高な道を学ぼうという青年に贈る書

平泉澄博士の論稿の中から、①日本の道義を明らかにし実践された先哲の事蹟と精神を解説された論考、②第二次世界大戦前、日本の政治と思想問題に関して平泉澄博士が書かれた御意見、戦後我が国再建のため、精神的支柱を立て、内政外交政策を論じられたもの、③先哲の御遺文の講義、二十一編を収録。今回の四訂版では、「二宮尊徳」の章を追加し、刊行に合わせて書き直した市村真一博士の解説を附して復刊。

※並製本・カバー装の「通常版」のほか、上製本・函入りの「愛蔵本」を数量限定で刊行。

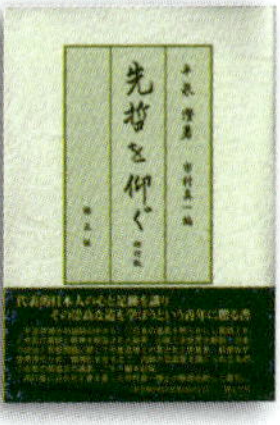

◀〔通常版〕
定価4,950円
〔本体4,500円〕
A5判・並製本・カバー装・588頁
令和3年5月発行
9784764601413

〔愛蔵本〕
定価6,600円
〔本体6,000円〕
A5判・上製本・函入・588頁
令和3年5月発行
9784764601420

水戸学の道統

名越 時正著 《水戸史学選書》

水戸史学会創立五十周年を前に、待望の復刊

「水戸学」は、徳川光圀をはじめとして数多くの先人たちが、われわれの想像も及ばない苦心によって探究し、長い年月の間の錬磨を積み重ね、そして、自分一身の生命を賭けて実践してきたものである。したがって、そこに終始一貫した道統があった。（「まえがき」より抜粋）

定価2,860円
〔本体2,600円〕
B6判・212頁
令和4年7月発行
9784764601475

鹿島神宮と水戸

梶山 孝夫著 《錦正社叢書13》

鹿島神宮と水戸藩の関係に迫る

水戸藩の歴代藩主と家臣が崇敬の誠を捧げてきた鹿島神宮。その鹿島神宮と水戸藩、松尾芭蕉、佐久良東雄との関係に焦点を当てる。光圀研究に、ひいては水戸学における神道の背景を探究する上で必読の書。

定価990円
〔本体900円〕
四六判・121頁
令和6年1月発行
9784764601529

歴史家としての徳川光圀

梶山 孝夫著 《錦正社叢書12》

水戸学の深奥にせまる

徳川光圀を水戸学あるいは水戸史学の創始者としての歴史家という視点から捉え、史家・史書・始原・憧憬・教育の五つのキーワードから水戸学の把握を試みる。

定価990円
〔本体900円〕
四六判・124頁
令和4年8月発行
9784764601482

明治維新と天皇・神社

一五〇年前の天皇と神社政策

藤本 頼生著 《錦正社叢書11》

明治維新期に行われた天皇・神社に関わる種々の改革がどのようなものであったのか

明治維新当初のわずか一年余になされた政策が、近代日本の歩み、現代へと繋がる天皇・神社にかかる諸体制の基盤となっている。

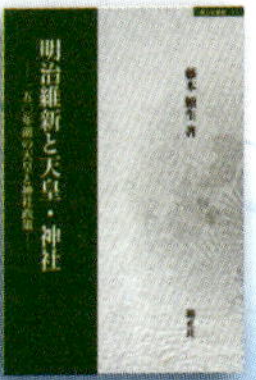

定価990円
〔本体900円〕
四六判・124頁
令和2年2月発行
9784764601406

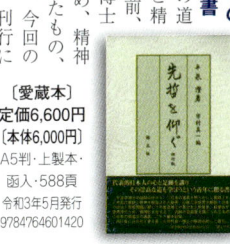

陸軍航空の形成
軍事組織と新技術の受容

松原 治吉郎著

陸軍航空の草創期を本格的かつ系統的に明らかにした実証研究

「陸軍航空の形成期を鮮やかに浮かび上がらせている。近代日本の軍事史に対する重要な貢献であるとともに、防衛力のあり方を考える上で示唆に富む一冊だ。」——北岡伸一（東京大学名誉教授）

今日的なインプリケーションも多く含む、近代日本の軍事史研究に必読の書。

定価5,940円
〔本体5,400円〕
A5判・432頁
令和5年3月発行
9784764603554

竹内式部と宝暦事件

大貫 大樹著

竹内式部の人物像を明らかにし、宝暦事件の真相に
歴史・神学・思想の各視点から迫る総合研究書

竹内式部の人物像・学問思想及び式部門弟の思想的背景を明らかにするとともに、江戸時代を代表する社会的事件である宝暦事件を、歴史・社会・神学・思想の各視点から多角的かつ実証的に真相に迫る。

定価11,000円
〔本体10,000円〕
A5判・556頁
令和5年2月発行
9784764601505

第一次世界大戦と民間人
「武器を持たない兵士」の出現と戦後社会への影響

鍋谷 郁太郎編

「銃後」における民間人の戦争を検証する

「総力戦」といわれる第一次世界大戦を「武器を持たない兵士」としての民間人が、どの様に受け止め、如何に感じ、そして生き抜いていったのか。

ドイツ史、フランス史、イタリア史、ロシア史、ハンガリー史、そして日本史の立場からの研究成果をまとめた論集。

定価4,950円
〔本体4,500円〕
A5判・334頁
令和4年3月発行
9784764603547

日本海軍と東アジア国際政治
中国をめぐる対英米政策と戦略

小磯 隆広著

日本海軍の対英米政策・戦略を繙く

満州事変後から太平洋戦争の開戦に至るまで、日本海軍が東アジア情勢との関係において、英米の動向をいかに認識・観測し、いかなる政策と戦略を講じようとしたのか。

歴史学的検証により、昭和戦前期における日本の対外関係に海軍が果たした役割を解明する。

定価4,620円
〔本体4,200円〕
A5判・320頁
令和2年5月発行
9784764603523

〒162-0041 東京都新宿区早稲田鶴巻町544-6
電話03(5261)2891 FAX03(5261)2892
https://kinseisha.jp/

先哲を仰ぐ【四訂版】

平泉 澄著 市村 真一編

代表的日本人の心と足跡を識り、その崇高な道を学ぼうという青年に贈る書

平泉澄博士の論稿の中から、①日本の道義を明らかにし実践された先哲の事蹟と精神を解説された論考、②第二次世界大戦前、日本の政治と思想問題に関して平泉澄博士が書かれた御意見、戦後我が国再建のため、精神的支柱を立て、内政外交政策を論じられたもの、③先哲の御遺文の講義、二十一編を収録。今回の四訂版では、「二宮尊徳」の章を追加し、刊行に合わせて書き直した市村真一博士の解説を附して復刊。※並製本・カバー装の「通常版」のほか、上製本・函入りの「愛蔵本」を数量限定で刊行。

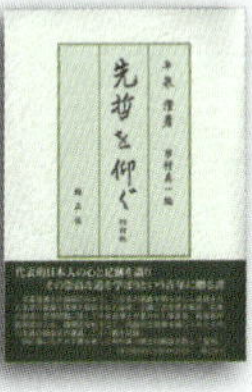

◀〔通常版〕
定価4,950円
〔本体4,500円〕
A5判・並製本・カバー装・588頁
令和3年5月発行
9784764601413

〔愛蔵本〕
定価6,600円
〔本体6,000円〕
A5判・上製本・函入・588頁
令和3年5月発行
9784764601420

山河あり（全）

平泉 澄著

平泉博士の祖国再興への熱い祈りが込められた書

昭和三十年代に出版された『山河あり』・『續山河あり』・『續々山河あり』を一冊にまとめ、字体を新字体に改め、また巻末に人名索引、地名・国名索引、事項・書名索引を付け読み易く・利用し易くして復刊。

定価2,750円
〔本体2,500円〕
A5判・496頁
平成17年3月発行
9784764602663

平泉澄博士神道論抄

平泉 澄著・日本学協会編

日本精神の神髄を明らかにする

平泉澄博士の精神的基盤となっていた神道論や神道観を理解する選り抜きの論文・講演類、十九編を収録。戦前戦後を通して徹底した平泉澄博士の行動の根底には、本書に見られる神道論や神道観があった。

定価3,850円
〔本体3,500円〕
A5判・342頁
平成26年5月発行
9784764601178

続 平泉澄博士神道論抄

平泉 澄著・日本学協会編

平泉澄博士の神道観に迫る待望の続編

前書に続き平泉澄博士の神道論を理解するのに適当な論稿、十六編を収録。菅原道真公、明恵上人、北畠親房公、山崎闇斎、遊佐木斎、谷秦山、佐久良東雄、真木和泉守ら著者が生涯探究し続けた人物に関する論稿を収録。

定価3,850円
〔本体3,500円〕
A5判・348頁
平成28年8月発行
9784764601284

中世に於ける精神生活

平泉 澄著

「大正史学の新風」——読みやすい普及版で甦る

平泉博士の第一著作で、近代的な中世史研究の原点とも評価される名著に時野谷滋博士の解説を加え、新組で読み易くして復刊。「中世に於ける精神生活を縦横に解剖し、到る処に新生面を発見し、初めて国史全体の流れの中にそれぞれを定位し、組織立てるものであった」（「解説」より）。

定価3,300円
〔本体3,000円〕
A5判・430頁
平成18年2月発行
9784764602694

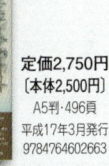

武士道の復活（新装版）

平泉　澄著

日本の本来の姿、正しい日本の姿とは

一切の問題の先決として、吾等当為の急務は、日本人をして真に、日本人たらしめ、日本人をして真に、日本たらしむる事、即ち日本人の間に於ける、日本精神の復活でなければならぬ。（本書より）

定価4,400円
〔本体4,000円〕
A5判・400頁
平成23年5月発行
9784764602885

國史學の骨髄（新装版）

平泉　澄著

国史研究の重要性をとく名著待望の復刊

國史學の骨髄／歴史の回顧と革新の力／歴史を貫く冥々の力／溪嵐拾葉集と中世の宗教思想／日本精神發展の段階／中世文化の基調／一の精神を缺く／國家護持の精神／栗山潜鋒と谷秦山／飛鳥時代の文化／江都督納言願文集發行の由來／日本精神を収録。

定価3,850円
〔本体3,500円〕
A5判・272頁
平成23年5月発行
9784764602892

芭蕉の俤

平泉　澄著

平泉博士が戦後初めて発刊した名著がここに復刊

敗戦後追放となり、文筆活動の出来なくなった平泉澄博士が、芭蕉の一句に自分の姿と一脈通じるものを感じてか、芭蕉に特別の親しみを覚え、足跡をたづね、筆を執ってまとめあげた書。

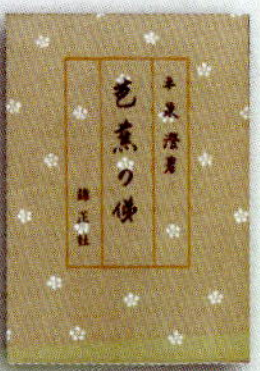

定価2,200円
〔本体2,000円〕
A5判・338頁
昭和62年2月発行
9784764602045

首丘の人　大西郷〔新装版〕

平泉　澄著

平泉澄博士、最後の著書が新装版としてここに復刊

時代が生んだ英雄・西郷隆盛の人柄や事蹟、そして自決によりその生涯をとじるまでを、四十四章にわたり描く。「時代が生んだこの英雄の精神が本書を通じて永遠に顕彰されることを願ってやまない。」（「再刊の辞」より）

定価1,980円
〔本体1,800円〕
四六判・388頁
平成28年11月発行
9784764601291

日本の悲劇と理想

平泉　澄著

大東亜戦争に至る真実を識る歴史書の普及版

全編を通じ著者が力を注いだのは、圧倒的な白人勢力の世界支配に屈せず、開国以来独立を維持してきた日本の苦難の歴史の中に、一貫する日本の理想を明らかにする。

定価1,923円
〔本体1,748円〕
B6判・416頁
平成6年11月発行
9784764602403

『五箇条の御誓文』を読む〔改訂版〕

川田　敬一著

『五箇条の御誓文』は現代ではどう読むことができるのか

「公」の重要性を背骨として国家の重要な指針を示している『五箇条の御誓文』を語句の解説、時代背景、成り立ちから関連資料まで詳細に判りやすく解説。

定価660円
〔本体600円〕
A5判・70頁
平成24年2月発行
9784764602922

「國家理性」考 國家學の精神史的側面

小堀　桂一郎著

国家への関心と憂戚から「国家理性」の正体を明らかに

比較文化の視点から後世に誇れる日本の精神文化を分析。慣例法の生成過程／神道の根拠としての「聖なるもの」／教育に於ける道徳と宗教／東京裁判「鵜澤総明最終弁論」考／統帥権と文民統制原理など七編を収録。

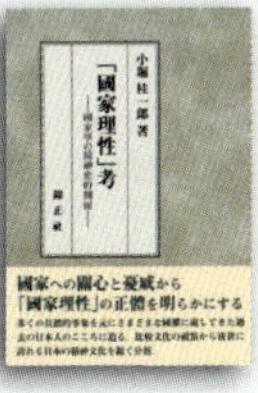

定価2,750円
〔本体2,500円〕
A5判・224頁
平成23年6月発行
9784764602908

吉田松陰と靖獻遺言

近藤　啓吾著

松陰は『靖献遺言』に何を感じ、何を学ばんとしたのか

『靖献遺言』は、獄中の人となつた吉田松陰が、獄中誦読して傍らに人なきがごとくであつた、とみづから述懐してゐる書物である。然らば松陰は、同書の何にかく感動したのであるか。本書は、これを明らかにすることによつて、やむにやまれずして為した彼のその行動の真意を解かんとする。

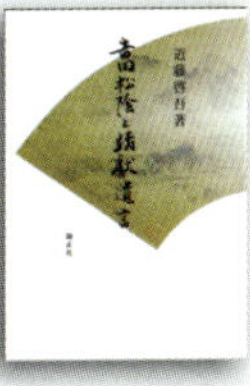

定価2,750円
〔本体2,500円〕
A5判・168頁
平成20年4月発行
9784764602809

『大日本史』本紀の『日本書紀』研究

堀井　純二著

『大日本史』本紀が『日本書紀』の各天皇紀を如何に記述しているか詳細に検討

『大日本史』は過去のものとして顧みられることが少ないが、『日本書紀』の研究に際しては、改めて『大日本史』を見直す必要がある。

定価21,450円
〔本体19,500円〕
A5判・984頁
平成30年1月発行
9784764601345

山鹿素行自筆本『配所残筆』

写真・翻刻・研究・校訂・意訳

秋山　一實著

山鹿素行の遺書『配所残筆』の文献学的研究書

江戸時代前期の兵学者・山鹿素行の「遺書」である『配所残筆』の文献学上の課題や未解明の問題を長年にわたる調査・研究から解明。最初に「自筆本」の写真版を掲載。

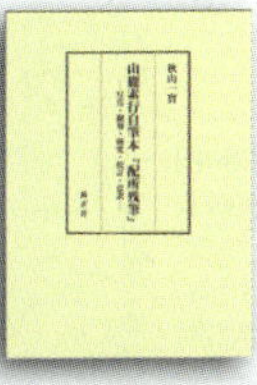

定価10,450円
〔本体9,500円〕
A5判・380頁
平成25年7月発行
9784764602977

山鹿素行

山鹿　光世著

一瞬一瞬を最後の時と心得て生きる山鹿素行の生き方

江戸時代の儒学者・兵学者で武士道の権化とも称される山鹿素行を直系十三世の著者が身内の者の著書を本として生立ちから晩年に至るまでの生涯と業績を記述。

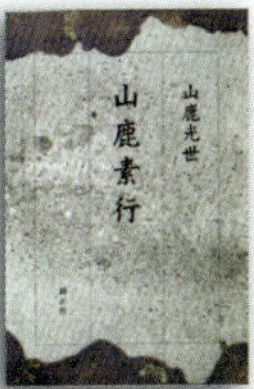

定価2,200円
〔本体2,000円〕
四六判・194頁
平成11年12月発行
9784764602519

國風の守護

山川　弘至著

若き国学学徒の遺書、棟方志功の装幀で復刊

今こそ多くの国民が読み継ぐべき貴重な書。終戦の四日前に空爆で惜しくも散華した日本浪曼派の人々と繋がる若き国学者の評論集。芳賀檀の「序文」、中河與一の「序」を所収。

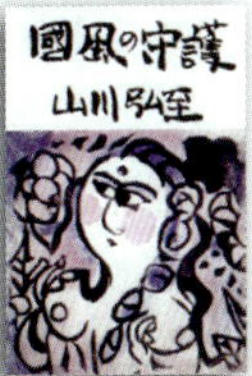

定価2,860円
〔本体2,600円〕
B6判・330頁
平成18年11月発行
9784764602724

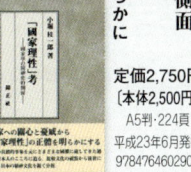

橋本左内著「啓発録」英完訳書

Hashimoto Sanai Treatise on Enlightenment

紺野 大介訳

日本文化を世界へ発信。世界各国で絶賛

巻頭に左内の肖像画を掲げ、生涯の概略・書状・草稿・書幅・詩幅等の写真と英訳、『啓発録』の英訳・原文・書き下し文、参考人物・事件・語彙等の英訳などを掲載。

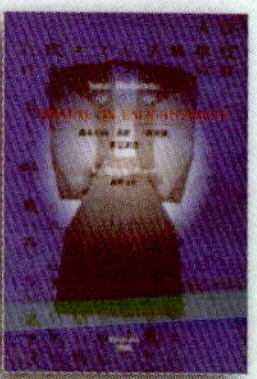

定価4,400円
〔本体4,000円〕
B5判・126頁
平成17年7月発行
9784764602687

吉田松陰著「留魂録」英完訳書

Yoshida Shouin Soulful Minute

紺野 大介訳

日本をもっと知りたい諸外国の人々へ贈る

吉田松陰が安政の大獄で処刑される前日のほぼ一日で書き上げた遺書『留魂録』の英完訳本。日本語を偶数ページ、英文を奇数ページに対訳で掲載。

定価4,400円
〔本体4,000円〕
B5判・240頁
平成15年10月発行
9784764602649

佐久間象山著「省諐録」英完訳書

Sakuma Shozan Record of Conscience

紺野 大介訳

紺野大介博士による人文科学界における偉業

ペリー来航を中心とした政治体制の危機と国体の在り方に関する回顧・修養論・経世論・海防論等々、五七カ条に及ぶ象山の思想を凝縮した論説集。

定価4,400円
〔本体4,000円〕
B5判・216頁
平成28年4月発行
9784764601253

初期歌舞伎・琉球宮廷舞踊の系譜考 三葉葵紋、枝垂れ桜、藤の花

児玉 絵里子著

数百年の時を超えて、今蘇る、初期歌舞伎と近世初期絵画のこころ

初期歌舞伎研究に関わる初の領域横断研究。舞踊図・寛文美人図など近世初期風俗画と桃山百双、あるいは大津絵「藤娘」の画題解釈、元禄見得や若衆歌舞伎「業平踊」の定義などへの再考を促す、実証的研究の成果。

定価11,000円
〔本体10,000円〕
A5判・526頁
令和4年6月発行
9784764601468

津軽のイタコ

笹森 建英著

知られざる津軽のイタコの実態をひもとく

津軽のイタコの習俗・口寄せ・口説き・死後の世界・地獄観・音楽・生活など、死者と交流をしてきた彼女たちの巫業や現状とは一体どういうものなのか？長きに亘りイタコと関わり、研究を行ってきた著者ならではの視点から、調査体験に基づき多角的に実態を明らかにする。

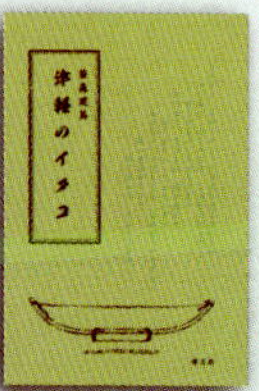

定価3,080円
〔本体2,800円〕
A5判・208頁
令和3年4月発行
9784764601437

岩手の民俗と民俗音楽

佐々木 正太郎著

いわては民俗文化のふるさと・宝庫

地域の民俗音楽、つまりわらべ歌や民謡、民俗芸能、民俗行事の音楽などを丹念に調べ、丁寧に記録した貴重な一冊。

定価1,980円
〔本体1,800円〕
四六判・192頁
平成29年1月発行
9784764601307

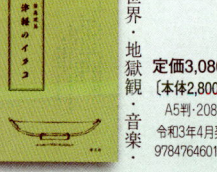

錦正社 図書案内 ③神道・国学・歴史

〒162-0041 東京都新宿区早稲田鶴巻町544-6
電話03(5261)2891 FAX03(5261)2892

東京大神宮ものがたり

大神宮の一四〇年

藤本 頼生著

日比谷から飯田橋へ 神前結婚式創始の神社・東京大神宮の歴史を繙く

神宮司庁東京皇大神宮遥拝殿として創建され、戦前期には広く「日比谷大神宮」「飯田橋大神宮」の名称で崇敬されてきた東京大神宮。伊勢の神宮との深い由緒と歴史的経緯を持ち「東京のお伊勢さま」とも称される東京大神宮の創建から現在までのあゆみを多くの史料や写真をもとに紹介。

定価1,980円
〔本体1,800円〕
A5判・328頁
令和3年12月発行
9784764601451

神道とは何か 小泉八雲のみた神の国、日本

What is Shintō?

Japan, a Country of Gods, as Seen by Lafcadio Hearn

平川祐弘・牧野陽子著

日本語と英語で「神道」の核心に小泉八雲を介し、迫る

神道は海外からしばしば誤解されてきた。その神道への誤解を解くため、最初の西洋人神道発見者といえる小泉八雲（ラフカディオ・ハーン）を通じて、ハーン研究の第一人者である二人の著者が、日本文と英文で双方から日本の神道の宗教的世界観を明らかにする。

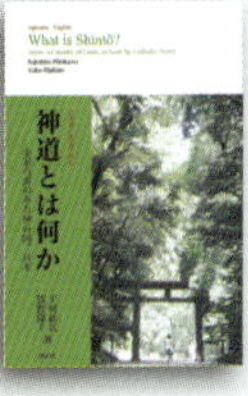

定価1,650円
〔本体1,500円〕
四六判・252頁
平成30年9月発行
9784764601376

即位禮大嘗祭 平成大禮要話

鎌田 純一著

平成の即位礼・大嘗祭を正確に伝える貴重な資料

世界各国、日本全国各地からの祝意の中、厳粛にまた盛大に執り行われた平成の即位礼・大嘗祭に御奉仕した著者が、その盛儀の大要を正確に記し、その真義をわかりやすく解説。誤解にみちた妄説を払拭する。

定価3,080円
〔本体2,800円〕
四六判・320頁
平成15年7月発行
9784764602625

日本人を育てた物語

国定教科書名文集

『日本人を育てた物語』編集委員会編

戦前の国語・修身の国定教科書から心に残る名文を厳選し収録

日本全国津々浦々、戦前の子供たち誰もが読んだ偉人伝や歴史物語など日本人としての心を育てた多くの文章の中から後世に伝えていきたい名文を厳選し収録。戦後忘れかけた日本人としての心を再認識する。

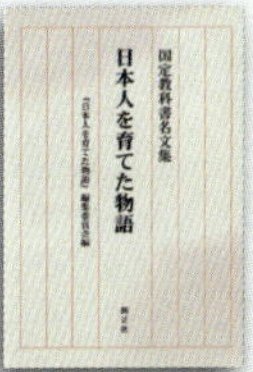

定価2,200円
〔本体2,000円〕
四六判・288頁
平成24年12月発行
9784764602946

台湾と日本人

松井 嘉和編著

台湾に関心を持つ人がぜひ知っておきたい台湾の歴史

今も残る日本統治時代の遺産、台湾近代化に貢献した日本人、日本の領有時代の意義、後藤新平の統治理念、李登輝元総統の言葉に込められた思い、これからの日台関係……歴史から豆知識まで。台湾を知りたい人、必見。

定価2,200円
〔本体2,000円〕
四六判・320頁
平成30年4月発行
9784764601352

歴史家としての徳川光圀

梶山　孝夫著　《錦正社叢書12》

水戸学の深奥にせまる

徳川光圀を水戸学あるいは水戸史学の創始者としての歴史家という視点から捉え、史家・史書・始原・憧憬・教育の五つのキーワードから水戸学の把握を試みる。

定価990円
〔本体900円〕
四六判・124頁
令和4年8月発行
9784764601482

明治維新と天皇・神社

一五〇年前の天皇と神社政策

藤本　頼生著　《錦正社叢書11》

明治維新期に行われた天皇・神社に関わる種々の改革がどのようなものであったのか

明治維新当初のわずか一年余になされた政策が、近代日本の歩み、現代へと繋がる天皇・神社にかかる諸体制の基盤となっている。

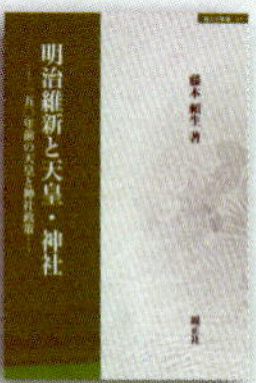

定価990円
〔本体900円〕
四六判・124頁
令和2年2月発行
9784764601406

義公漫筆

梶山　孝夫著　《錦正社叢書10》

謎と多彩さを秘めた義公の人物像に迫る

水戸学の研究において最も重要で好学の大名であり、深い学問と教養を身に付けた人物である義公（徳川光圀）。探っても探りきれない何かを秘めた義公の人物像（人間性）に注目し、多様な文献からその内奥に迫る。

定価990円
〔本体900円〕
四六判・128頁
令和2年2月発行
9784764601390

金沢八景と金沢文庫

梶山　孝夫著　《錦正社叢書9》

金沢文庫と水戸史学の関係を探る

義公は延宝二年に金沢へ渡り鎌倉を訪れ、心越禅師は貞享四年に金沢にて八景詩を詠じ、史臣が金沢文庫において多くの史料を採取し『大日本史』編纂等に活用した。水戸学と少なからぬ関係がある金沢八景に焦点をあてた書。

定価990円
〔本体900円〕
四六判・124頁
令和元年5月発行
9784764601383

藤田幽谷のものがたりⅢ

梶山　孝夫著　《錦正社叢書8》

後期水戸学の中心的存在で水戸学の本流：幽谷のさらなる位置付けを試みる

幽谷と翠軒の間柄を縦の関係とすると、青山雲龍とのそれは横の関係といえ、お互いが忌憚のない意見を交換し、切磋琢磨できる間柄にあった。本書は、その関係に注目し、両者を歴史家としての位置づけから考える。

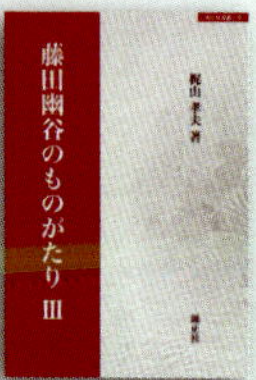

定価990円
〔本体900円〕
四六判・124頁
平成29年11月発行
9784764601338

一般敬語と皇室敬語がわかる本

中澤　伸弘著　《錦正社叢書7》

皇室に対する親愛の情を育て、美しく麗しい国語を守る

二千年以上の間に培ってきた皇室と国民との親愛の情の表れである「皇室敬語」。今、改めて敬語や皇室敬語・皇室用語を学び、その折々に適宜な敬語を使いましょう。

定価990円
〔本体900円〕
四六判・100頁
平成28年7月発行
9784764601277

藤田幽谷のものがたりⅡ

梶山　孝夫著　《錦正社叢書6》

藤田幽谷と立原翠軒の相剋と軋轢の問題を考える

幽谷と翠軒の相剋問題について先学の理解を丹念にたどり両派に関する主要な研究にふれ、後期水戸学を興した藤田幽谷を通し、真の水戸学とは何かに迫る。

定価990円
〔本体900円〕
四六判・128頁
平成27年10月発行
9784764601246

祭神論　神道神学に基づく考察

明治神宮・札幌神社・外宮の祭神

中野　裕三著　《錦正社叢書5》

神社に祀られる御祭神とは何か？

明治神宮・札幌神社という近代に創建された神社と、伊勢の外宮にそれぞれ祀られている御祭神について「神道神学」という視点から客観的・学問的に考察する。

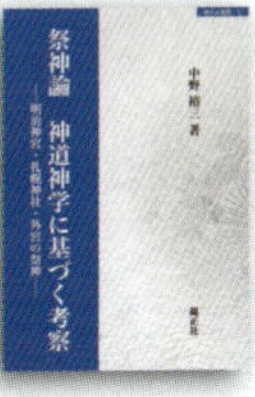

定価880円
〔本体800円〕
四六判・80頁
平成27年4月発行
9784764601215

安積澹泊のものがたり

梶山　孝夫著　《錦正社叢書4》

水戸を代表する儒学者で格さんのモデル・安積澹泊の人物像に迫る

藤田幽谷が著した『修史始末』の安積澹泊に関する記述を中心に、幽谷が澹泊を語るものがたり形式で、幽谷・澹泊の人物像を明らかにする。

定価990円
〔本体900円〕
四六判・128頁
平成27年1月発行
9784764601208

世界の中の神道

佐藤　一伯著　《錦正社叢書3》

近代日本の神道論を分り易く纏めた一冊

第一章では、近代の日本学者：W・G・アストンや新渡戸稲造、加藤玄智らの神道論を紹介。第二章では、明治神宮の御祭神、明治天皇・昭憲皇太后の聖徳のうち、近代の神道の教えとして重要なものを解説。第三章では、明治神宮、靖国神社、護国神社、御嶽山御嶽神明社などを中心に述る。

定価990円
〔本体900円〕
四六判・96頁
平成26年10月発行
9784764601192

日本消滅 その防止のために

堀井　純二著　《錦正社叢書2》

〝日本消滅〟をもたらさないために今何をすべきか

祖先が営々と培ってきた日本人の生活・文化……全てに繋がる皇室の存在意義を見つめ直し、そのあり方を問う。皇室典範改正問題に一石を投ずる。

定価880円
〔本体800円〕
四六判・88頁
平成26年2月発行
9784764602991

藤田幽谷のものがたり

梶山　孝夫著　《錦正社叢書1》

藤田東湖、父幽谷を語る

東湖の父である幽谷の学問とその精神を東湖が記した「先考次郎左衛門藤田君行状」をメイン史料に小説形式で書き上げた史的根拠に基づく物語。

定価990円
〔本体900円〕
四六判・112頁
平成26年2月発行
9784764603004

慰霊と顕彰の間

近現代日本の戦死者観をめぐって

國學院大學研究開発推進センター編

慰霊・追悼・顕彰研究の基盤を築くために

近現代日本における戦死者の慰霊・追悼・顕彰をめぐる諸制度や担い手の言説の歴史的変遷について、多彩な分野の研究者たちが多角的かつ冷静な視点から論究する。

定価3,520円
〔本体3,200円〕
A5判・328頁
平成20年7月発行
9784764602823

霊魂・慰霊・顕彰 死者への記憶装置

國學院大學研究開発推進センター編

戦死者「霊魂・慰霊・顕彰」の基礎的研究

政治的・思想的な対立軸を受けやすい戦没者慰霊に関する諸問題の中で神道的慰霊・顕彰と「怨親平等」思想、近代における戦没者慰霊の場や招魂祭祀、仏教の関与、災害死者との差異など霊魂観の性格に直結する事象を中心に多彩な研究者が思想信条の垣根を越え実証的かつ冷静に論究。

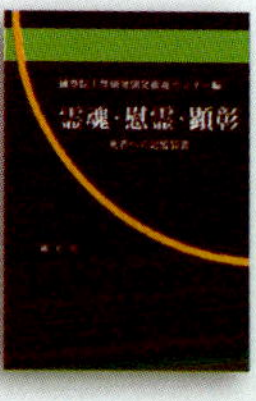

定価3,740円
〔本体3,400円〕
A5判・360頁
平成22年3月発行
9784764602847

招魂と慰霊の系譜

「靖國」の思想を問う

國學院大學研究開発推進センター編

「招魂と慰霊の系譜」を問いなおす

「靖國問題」に代表される近代日本に於ける慰霊・追悼のあり方や招魂・顕彰といった問題に迫る論集。客観的かつ実証的な研究から思想的対立を超えた真の自由な議論を導く。

定価3,740円
〔本体3,400円〕
A5判・352頁
平成25年3月発行
9784764602960

天地十分春風吹き満つ

大正天皇御製詩拝読

西川 泰彦著

「真の大正天皇像」を知る為の本

英邁にして剛健なる、大正天皇の御姿を知りませう。平易な意訳と、懇切な参考欄の説明とに依り、「大正天皇御製詩（漢詩）」の世界に親しみませう。神道文化賞受賞。

定価3,080円
〔本体2,800円〕
A5判・480頁
平成18年4月発行
9784764602700

貞明皇后 その御歌と御詩の世界

『貞明皇后御集』拝読

西川 泰彦著

貞明皇后の御歌と御詩とを拝読し、御坤徳を仰ぎ奉る

御歌の註と、御詩の語釈・意訳・参考の解説により、貞明皇后の美しい御歌と御詩を玩味しませう。「尊きを敬ひ、美しきを称へる、そんな素直な心をあらためて覚えさせて呉れる書である。」（富山縣護國神社 栂野守雄宮司 序文）

定価3,080円
〔本体2,800円〕
A5判・418頁
平成19年10月発行
9784764602793

歴代天皇で読む日本の正史

吉重 丈夫著

歴代天皇毎に皇紀で読む日本の通史

皇紀元年に初代・神武天皇が橿原の地で即位された日本の建国から明治維新に至るまでの日本の正史を『日本書紀』『古事記』等の記述をもとに皇紀で綴る。日本の歴史を歴代天皇毎に、編年体で分り易くまとめた日本の通史。

定価3,960円
〔本体3,600円〕
A5判・656頁
平成27年4月発行
9784764601222

容はすべて官吏の心得を書いたもので、上下和合、仏法の尊信、君臣の信義、官吏の精励、上下有礼、愛民」など中国思想に拠るものだが、「日本の実情に必要なしに作られるものでないことは確かである。……此の当時既に日本に不文律が有つて、不完全ながらも、罪を裁定したことが察しられる」と、日本の実情を反映したものであることを推察しています。

また、日本における「罪」について次のように述べています。

神を怒らせる所為をば、日本では罪といふ。神の崇拝者がかかる所為を避けるのを忌《イミ》といふ。本居(宣長)の解釈によれば、神道の罪に三種ある。即ち不潔、罪悪、災難の三つ。儀式上の不潔と道徳的罪過(或特別なる種類の)とは、恐らく日本の上古に於ては区別がつかなかつたのである。災難も罪の中に這入つてをる。知る知らぬに拘はらず、罪を犯せば、神が怒つて災を降すから、災難は神の怒つてゐる証拠と見る。すべての罪は宗教的不合格若くは責罰を含んで居る。

第十二章では、「儀式」がこれまで見てきた崇拝の要素が結合したものであるといい、第十三章では「まじなひ」について、「日本の辞書学者山田美妙は、まじなひは『神仏のすぐれた力の加護によつて、災難を除くこと』と言つて居るが、チツメルンの説と実質に於て一致して居る。……Sir Alfred Lyall 及び I. G. Frazer は、『この種のまじなひは宗教よりも先きにあつたもので、過つた前提に基づいては居るが、其の原理に於ては科学と同一のものである』といふ説である。」と述べています。また「神憑」の項では次のように神道の特色を指摘しています。

神道は不幸にして、託宣に存する真理を発見するやうな事柄を記したものが無い。太陽を神とすることと、太陽から発する温暖と光明が人に対する慈愛であるといふことの承認とは、実に宗教を欠いてゐる世界に於ける立派な観念である。伊邪那岐命の神話は、諸神が此の神から生れたとして、一神教の方に道を開いた華麗な観念である。生成の神なる産霊神は此の方向に更に進む階段を示すものである。我等が隣人に対して不快なことをすれば、神も之を不愉快とするといふ真理を捉へたものと思はれる。

第十四章では「仏教の興隆」について「後世の神道は衰頽の歴史である。尤も神道に生気の絶えざるゆゑんは第一神道に接木した仏教の力である。支那の道徳、哲学の影響、特に近世に至っての影響が更に著しい」と仏教の影響の大きさについて指摘しています。近代以降、国民的宗教として神道はほとんど滅びた状態だが、「神道は日本の俗説及び習慣の中に生き残り、又更に単純で、且つ一層物質的な方面にあらはれる神に対する日本人の活発な感受性――これは日本人を説明する特徴である――の中に永久に生き残るであらう」との言葉で本書は結ばれます。

アストンの神道論は、古代神道に関する考察をもとに神道を農業国的宗教と捉えるとともに、日本の民俗に関心を寄せて観察していること、そして本居宣長や平田篤胤の国学研究の成果を評価し、活用していることなどが特色です。さらに新渡戸稲造や加藤玄智、ＧＨＱの神道観に顕著な影響を与えたことも重要です。

四　サムライの心——新渡戸稲造の神道観——

神道や日本文化の国際的な理解のために、新渡戸稲造(一八六二～一九三三)が果たした役割は少なくありません。英文の著書には、『日米関係史』(一八九一年)、『武士道』(一九〇〇年)、『日本国民』(一九一二年)、『日本』(一九三一年)などがあります。とりわけ『日本国民』における神道の記述は分量も多く、歿後に出版された『日本文化の講義』(一九三六年)の神道論も基本的に『日本国民』を敷衍しています。そこで、『日本国民』の第五章「宗教信念」の内容を便宜的に①から⑩の小見出しを付して紹介します。

①**宗教の定義**　信仰とは未来・過去を問わず「この世の生涯の彼方における自己の存在について人の信ずるところ」であり、その実践(とくに礼拝行為)がその人の宗教を構成する。この意味で日本人は生来の宗教的民族といえる。

②**芸術的・感情的気質**　日本人は感受的でその信条を簡潔に述べられないが、現世の存在は生の全体ではないことを、その意識の奥底深くで感じている。

③**神道の重要性**　日本に芽生えまたは移植された宗教体系のうち「神道」が重要である理由は、

「厳密に日本固有」で「民族の原始本能を集めた束とよんでもよい」こと、そして「皇室の宗教であるという事実」の二つに求められる。

④**神ながら**　「神道」の呼称が導入される以前の「神ながら」とは「人間の本源的無邪気」のことで、「カミ」とは「一切存在の本質」「心霊」であって、自然のあらゆる形や力となって顕現する。

⑤**罪穢と禊祓**　神道に原罪の教理はなく、ジョージ・フォックス（キリスト友会創始者）のように「人間霊魂の生得的純潔」「内なる光」を信じるが、マシュー・アーノルドの宗教定義（「情緒によって感動されたる道徳」、『武士道』第十五章「武士道の感化」で述べていること――筆者注）に止まる。しかし心中の探求から罪ないし不浄を覚え、祓と禊によって清浄を回復する。

⑥**祖先崇拝**　死者がどこかで生きているというのが、民族の強固な信仰であり、祖先の偶像でなく追憶・言葉・生前の善行を敬う。死者崇拝は起源がどうであれ「未開人の幽霊恐怖」とは異なるし、「東洋独自の弱点」でもない。靖國神社は、生者が国の為に死んだ人々を記念して建てたもので、彼らは不滅のものとされ、民族の記憶の至聖所に祀られている。

⑦**暗示の宗教**　神道は「内省による暗示の宗教」であり、信条を定式化せず各崇拝者に委ねる。神社の調度はきわめて簡素であり礼拝の条件を提供するにとどまるが、参拝者はそこにたたずむと自分が宇宙の広大な構成の一部であると感じる。

⑧**清めと誠**　神道には教祖・神学・経典・信条がないが、事細かな儀礼の主意は「清め」であり、道徳的指令の要点は心身の清浄である。「まこと」の語は道徳の全領域、道徳の本質そのものを覆う

ものであり、神道の道徳はしばしば神々の託宣として表現される。

⑨**自然崇拝**　神道には理想への余地がなく、現存の王侯権力と結託し、人間の脆弱や罪を認めない。教えは全く実際的に身の清浄と勤勉を命ずるのみである。しかし神道を凌いで、国土や旧いもの、自然の一つ一つの物への愛着を教える宗教はない。自然崇拝から発した民族宗教といえる。

⑩**儒教・仏教**　神道が満たしえなかった知的・精神的な側面を儒教と仏教が担った。仏教伝来とともに神道は新しい信仰に呑みこまれ生命力を失ったものの、儀式の枠組みを保ち、「伝統と威信」によって人々を把握してきた。

以上の記述について、新渡戸稲造が参照した文献に着目すると、④の「神ながら」の説明は久米邦武「神道と君道」（『開国五十年史』下巻、明治四十一年）に示唆を得たと見られ、⑤以下では禊祓や神社の簡素な佇まい、清浄と誠を尊ぶ道徳性、自然崇拝、神仏関係史などの記述に久米およびアストン『神道』（一九〇五年）を随所に採りいれています。しかしそれらの単純な引用で構成されているのではないことも明瞭であり、日本人の感受性、生来の内なる善神の尊重、祖先崇拝などについては、新渡戸稲造が『武士道』以来、一貫して語り続けていることです。

このような新渡戸稲造の神道観については、少年期に東京の神社で大教宣布の説教を聴いた経験があること、旧南部藩士新渡戸家の神祇を尊ぶ環境、さらに明治天皇が明治九年・十四年の東北巡幸にあたり祖父・新渡戸傳の三本木原開拓の遺業を嘉賞され、それが農学志向への転機となったこと、カーライルの『衣服哲学』からの感化とキリスト友会（クエーカー）の信仰、大正四年の大嘗祭参列などを併せて考えることが重要と思われます。

祖父新渡戸傳は明治四年に歿し、生前より墓域と定めていた旧南部領三本木（現青森県十和田市）の太素塚に神道式で葬られましたが、稲造は度々の外遊前後に墓参しました。カナダで客死する五カ月前の昭和八年五月には、昭和天皇への三度の進講の名誉に浴したことを太素塚の神域に奉告し、「もし他地で死亡の時は祖父傳翁のそばへ埋葬して呉れ」と言って持参のステッキで丸を画いたといいます（川合勇太郎『太素新渡戸傳翁』、新渡戸憲之『三本木原開拓誌考』など）。

明治天皇の巡幸を契機とした農学への精励については、『農業本論』の「自序」に、「祖父の意思を継ぎ、皇恩の隆渥なるに報ひんとて、……余も亦始めて一身を農事に委せんとす」と述べ、その宿志を徳富蘇峰が『国民新聞』紙上で称賛しています（「農業本論を読む」）。明治三十八年四月十二日にはメリー夫人とともに、明治天皇に拝謁して英文『武士道』を献上し、その際「稲造短才薄識、加ふるに病羸、宿志未だ成す所あらず、上は　聖恩に背き、下は父祖に愧づ。唯僅に卑見を述べて此書を作る。庶幾くは、皇祖皇宗の遺訓と、武士道の精神とを外邦に伝へ、以て国恩の万一に報い奉らんことを」という「上英文武士道論書」を草しました（桜井鷗村訳『武士道』）。『農業本論』で「『地方学《ちかたがく》』（Ruriology, Ruris 田舎、Logos 学問）」すなわち地方の事象の顕微鏡的観察を提唱したのも、「回顧すれば明治維新、国是一変して、粋を英仏に汲み、華を米独に咀み、従来の制度を種々刷新して、或は村落の分合を行ひ、自治制を布けるが如き、因つて以て従来の田舎社会を全然壊敗し了らしめ、我が地方学の研究に一大錯雑を来すに至りぬ」との憂慮を抱いてのことでした（『農業本論』）。新渡戸の地方学の構想は明治四十三年より大正六年まで、小日向台町の自邸を会場に柳田國男・小田内通敏が幹事となって催された郷土会に受け継がれ、さらには柳田の民俗学、小田内の郷土地理学、小野武夫の農村経済史研究、牧口常三郎の創価教育学へと発展しました（岡谷公二『柳田国男の青春』）。

新渡戸稲造は大正十五年（一九二六）、ジュネーブ大学での演説「日本人のクエーカー観」で、「内なる光」への信仰を出発点とするクエーカー教義と、東洋哲学における自分の神霊が宇宙の神霊と霊的交渉を持つことを経験的に確信する宇宙意識とに共通点が見出せると述べました（『日本文化の講義』）。また、一高生の矢内原忠雄に内村鑑三の宗教との違いを問われた際、「僕のは正門でない。横の門から入つたんだ。して、横の門といふのは悲しみといふ事である」と答えました。矢内原はその「悲しみ」について、幼くして郷里を離れて修学し、札幌農学校在学中に母を喪い、カーライル『衣服哲学』の実践奨励の思想との出会いにより煩悶を解決した経歴を指摘しています（「新渡戸先生の宗教」『嘉信』五八、昭和十七年）。新渡戸がクエーカーとなるのはジョンズ・ホプキンス大学留学中のことですが、カーライルが『衣服哲学』第三巻第一章で、クエーカーの創始者ジョージ・フォックスを称えたことも道しるべとなったであろうことを、佐藤全弘氏が指摘しています（『新渡戸稲造――生涯と思想』）。新渡戸は『衣服哲学講義』で親知らずの主人公トイフェルスドレックの「誕生」に触れて「この本はまるで我輩のことを書いたやうに思つた」と言い、「真実のお父さんといふ者は天にある。真のfather は肉体のものではない。……明治天皇の御製に、『眼に見えぬ神の心に通ふこそ人の心のまことなりけれ』とあるとほり、これが真実の father といふものである。――こんなことが書いてある」

と述べています。

新渡戸稲造は大嘗祭について、「純然たる祖先崇拝」であり、「国土を統治されるのは父祖の力ばかりでなく、父祖の徳によるものであり、また天皇としての御職務は委託されたものであり、国家を管理するということであるというお考えが、御製の中に実にしばしば繰り返されている。われわれは明治天皇に、即位礼の秘儀に象徴されている理念の化身を見る」と述べています（『日本人の特質と外来の影響』）。また、昭和三年の大嘗祭を間近に控えての講演では、大嘗祭は日本固有ゆえに重要であり、「皇室の最良なる伝統が、潜在意識より浮出して来るやうに仕組んであり、……そこで始めて我が皇祖皇宗から伝つた我が責任、我が職務は何であるかといふことを、十分御自覚になることだらうと思ふ。それが大嘗祭の目的だらうと拝察する」と述べ、「その奥深い意義」の体験を提唱して話を結んでいます（『内観外望』）。当時の『実業之日本』への寄稿に、「一定の時に沐浴をして一室を浄め、改めて其中に籠り、机の上に祖先の位牌なり父母の写真なりを供へ付け、……祖先の霊が眼前に在します如き心地を抱いて深夜心を俗事より離して、……祖先に対する感謝の念と、或は現在生へて居る両親等より受けた恩義……を顧みたならば、如何に吾人の心の奥底に潜在意識のある人情が湧き出て、人生観が一変するであらう」（「御大典に際し国民に進言す——国民は斎戒沐浴して大嘗祭の御主旨を体験せよ」）とあるように、新渡戸の進言した「大嘗祭の御主旨の体験」とは、祖先崇拝の体得による国民の感化にあったように思われます。

第二章　明治の聖徳

「五箇条の御誓文」（明治神宮聖徳記念絵画館蔵）

五　明治維新と「五箇条の御誓文」

昭和天皇は昭和二十一年（一九四六）一月一日の「新日本建設に関する詔書」の冒頭で、次のように「五箇条の御誓文」を引用されました。

茲ニ新年ヲ迎フ。顧ミレバ明治天皇明治ノ初国是トシテ五箇条ノ御誓文ヲ下シ給ヘリ。曰ク、

一、広ク会議ヲ興シ万機公論ニ決スヘシ
一、上下心ヲ一ニシテ盛ニ経綸ヲ行フヘシ
一、官武一途庶民ニ至ル迄各其志ヲ遂ケ人心ヲシテ倦マサラシメンコトヲ要ス
一、旧来ノ陋習ヲ破リ天地ノ公道ニ基クヘシ
一、智識ヲ世界ニ求メ大ニ皇基ヲ振起スヘシ

叡旨公明正大、又何ヲカ加ヘン。朕ハ茲ニ誓ヲ新ニシテ国運ヲ開カント欲ス。須ラク此ノ御趣旨ニ則リ、旧来ノ陋習ヲ去リ、民意ヲ暢達シ、官民挙ゲテ平和主義ニ徹シ、教養豊カニ文化ヲ築キ、以テ民生ノ向上ヲ図リ、新日本ヲ建設スベシ。

「五箇条の御誓文」については、多くの先学がそれぞれの視点から意義付けをしていますが、ここ

に三つほど紹介します。第一に、「帝王学の基礎」であるとの見解が、明治文化研究会第三代会長の木村毅氏によって示されています（『明治天皇と御治世下の人々』）。木村氏いわく、杉浦重剛氏の『倫理御進講草案』に次のように書いてある。一つは「三種の神器に則り皇道を体し給ふべきこと」。つぎに「五箇条の御誓文を以て将来の標準となし給ふべきこと」。さらに、「教育勅語の御趣旨の貫徹を期し給ふべきこと」。「三種の神器」、「五箇条の御誓文」、「教育勅語」が大事だということを、杉浦氏は昭和天皇さまが皇太子さまでいらっしゃる時に進講された。そこに着目しています。第二に、歴史学者の大久保利謙氏の「五ヶ条の誓文に関する一考察」（『明治維新の政治過程』）。ここでは尾佐竹猛氏の『維新前後に於ける立憲思想』を引きながら、「五箇条の御誓文」は、やはり明治の時代の開幕を飾るにふさわしい文章になっていると述べています。こうした「時代転換の宣言」という歴史家の解釈に加え、第三に「国民の座右の銘」でもあるということを、甘露寺受長氏（明治神宮第六代宮司）が指摘しています。甘露寺宮司の「明治天皇」（『神道史研究』七三）に、「五箇条の御誓文」は今日も将来も国是の大綱として尊重しなければならないが、とくに注目しなければいけないのは、条文のあとの「我国未曾有ノ変革ヲ為ントシ、朕躬ヲ以テ衆ニ先ンジ、天地神明ニ誓ヒ、大ニ斯国是ヲ定メ、万民保全ノ道ヲ立ントス、衆亦此旨趣ニ基キ、協心努力セヨ」との勅語であり、「ことに最の結語である「協心努力セヨ」は国民の座右銘とも云うべきものと痛感いたします」とあります。

さらに、御誓文と一緒に国民に下された「宸翰」（天皇の親しくお書きになった御手紙）が重要とされています。御誓文が京都御所の紫宸殿で天皇の御親祭として執り行われた神道的な儀礼であるとすると（阪本是丸『明治維新と国学者』、武田秀章『維新期天皇祭祀の研究』）、明治天皇が同時にお下しになったお手紙は、現実的な政治に対する天皇さまのお考えがあらわれています。お祭りに対する考え方（御誓文）と政治に対する考え方（宸翰）が一体になって、明治の立憲政治につながっていくのだという解釈があります（大久保利謙『明治憲法の出来るまで』）。さらには、御誓文の祭儀の際に「御祭文」が奏上されましたが、神さまに穏やかに何かを申し上げる普通の祝詞とは違って、信念とか祈願が非常に強く激しいものであって、人々を奮い起こさせるような内容になっています（甘露寺受長『明治天皇』）。きわめて激動のなかで行われた儀式であったということです。

現在、京都御苑内の旧中山邸跡に御産屋が残っておりますけれども、明治天皇さまは嘉永五年九月二十二日（一八五二年十一月三日）、そこでお生まれになりました。孝明天皇の第二皇子にあらせられ、御生母は中山慶子さまです。翌年にペリーが浦賀に来航します。万延元年（一八六〇）、御年九歳の時に御深曽木という、髪を切り揃える祝儀をお済ませになり、同年に皇太子にお就きになりました。その後、お父さまの孝明天皇が慶応二年十二月二十五日に三十七歳で崩御になり、明治天皇は御年十六歳で践祚して皇位を継承されます。これが慶応三年（一八六七）正月九日です。

明治天皇は御生母より習字などの厳しい稽古を受けたと伝えられ、孝明天皇には皇子のお歌を添削されるなど、親子の躾にまつわるいろいろなエピソードが残っています。また、孝明天皇は外患の問題に憂慮され、とくにペリー来航以降は伊勢の神宮に勅を下して、無事にこの国難を乗り越えられるようにというお祈りを熱心に捧げられました。安政五年（一八五八）六月には八日間にわたり、毎夜神宮と賢所の御拝を欠かされず、清涼殿の東庭で神宮を御拝の際には、当時七歳の祐宮皇子が父君に付き添われたという記録もあります（『明治天皇紀』第一）。明治天皇はお父さまの大御心を間近で受け止めてお育ちになったということです。

慶応三年十月十三日に徳川慶喜は京都の二條城に諸大名を招集して、政治を朝廷にお返しすることを諮り、翌日朝廷に大政奉還の上表を提出し、朝廷はその約二か月後の十二月九日、「神武創業の始に回帰して摂関制・幕府を廃絶し、三職制（総裁・議定・参与）を創設するという「王政復古の大号令」を発令しました。明治神宮聖徳記念絵画館の「王政復古」には同夜の小御所での三職会議における山内豊信と岩倉具視の論争が描かれています。明治天皇さまはお若く、奥のほうの御簾に隠れていらっしゃいます。山内が徳川慶喜の朝議参列を主張し、「二、三の公卿が幼冲の天子を擁して陰険の挙を行うとは何事か」と言い放つと岩倉がすぐさま「これ御前の会議なり、卿、言をつつしめ」と叱責し、山内が恐縮して失言を謝ったという、その有名なシーンです。天皇親政の時代を闡明にしたわけです。

では徳川慶喜をどういう扱いにするのか。土佐藩のように、これからも一緒に政治に参加すべしという考えもありましたが、岩倉や大久保利通は厳しく辞官納地を迫り、この夜の朝議はその方向で帰着となります。しかしその後も三職会議が繰り返され、辞官後も前内大臣の称号を許すことや納地を意味する「領地指上」ではなく「取調の上、天下の公論を以て御確定」という形式に改めるなどの妥協案が成立します。この間、慶喜は二條城を退去して大坂城に移り、諸藩に参集を呼びかけるとともに、欧米六カ国公使を引見して日本の外交権の保持者を誇示します。一方、西郷隆盛は江戸薩摩藩邸

「王政復古」（明治神宮聖徳記念絵画館蔵）

の焼打ちなどを指示して幕府を挑発、慶喜は佐幕派諸藩の主張をいれて「討薩の表」を掲げ上京することを命じ、明治元年（慶応四）正月三日、鳥羽・伏見の戦いが勃発しました。

正月十五日、明治天皇が御元服をなさり、政治的重要性もますますクローズアップされてきます。二十三日には、大久保利通が大坂遷都を建白しました。この建白は、明治天皇がご生涯をかけて進むべき方向を示したと申しても過言ではないでしょう。大久保は大坂に都を遷すべきだと主張しました。結果的に東京奠都となるわけですが、なぜ遷都しなければいけないかという理由が重要です。広く世界の動勢を理解し、公家と武家の別を越えて国内が心を一つにし、天皇のもとに集結するためには、先ほどの「王政復古」の絵のように、天皇が御簾の中に隠れていて何もなさらないのはいけない。これからの時代は、天皇は国民の前にお出ましになり、政務に精励され、国民の父母と仰がれ、人々に感動を与えるご存在にならなければいけない。これが非常に大事だということを建白したわけです。

二月三日には太政官代への行幸がありました。当初太政官代は九條家に設けてありましたが、慶喜退城後に二條城へ移され、そこに天皇が鳳輦に乗ってお出ましになる。具体的なご行動の第一歩です。九日には総裁の有栖川宮熾仁親王が東征大総督に任じられ、十五日には京都をお発ちになります。

孝明天皇は外国との交流に慎重でいらしたのですが、維新政府は神戸滞在の各国公使に国書を呈して王政復古を報じ、修好の意向を伝えました。そして二月三十日(陽暦三月二十三日)にイギリス・フランス・オランダの公使を紫宸殿にお招きになります(イギリス公使パークスは途上遭難し三日後に参内)。このような情勢を経て、「五箇条の御誓文」が渙発されるわけです。

「五箇条の御誓文」の親祭は三月十四日に京都御所の紫宸殿で執り行われました。式次第を『太政官日誌』や『復古記』で確認すると、お祓いの行事と献饌が済んで、天皇さまがお出ましになりまして、御祭文を副総裁三條實美が奏上する。絵画館の「五箇条の御誓文」の絵は、天皇が神前に玉串を奉って御拝の後、三條實美が天皇の代わりに御誓文を奉読している光景です。その後、公卿諸侯が臣下用の軾まで出てきて、神前と玉座を拝した後に署名をしていく。このときの「御祭文」、「御誓文」そして「宸翰」は明治元年二月に発刊された『太政官日誌』という政府の出版物によって広められております。「御祭文」には、「天下の諸人等の力を合わせ心を一つにして」という、先に触れた「協心努力」と同じ趣旨の言葉が見えてきます。また、「宸翰」には平仮名が振ってあり、漢字が読めない人にも配慮しています。「列祖の御偉業を継述し、一身の艱難辛苦を問はず、親ら四方を経営」されるとの御宣言です。なお同日は、奇しくも江戸で西郷隆盛と勝海舟が会談し、江戸城の無血開城が決定した日でもあります。

大久保の大坂遷都案はなりませんでしたが、明治天皇は御誓文親祭の後、親征のため大坂行幸（三月二十一日〜閏四月八日）を挙行されました。ご滞在中、天保山沖で各藩の軍艦をご覧になるなど、政務軍務に精励されました。四月十七日に津和野藩士で国学者の福羽美静（神祇事務局判事）が明治天皇に『古事記』の進講を行っております。明治天皇はその後もしばしば福羽の進講をお受けになりましたが、明治神宮宝物殿にある明治天皇ご使用の『古事記』を拝観しますと、傷み具合などから非常によく読まれたものと拝察されます。

明治元年八月二十七日には即位礼が紫宸殿で執り行われております。当初、王政復古という場合、どの時代に返るのかと。後醍醐天皇の建武中興を理想にした公家や志士たちもいたのですが、国学者の玉松操から第一代神武天皇に立ち返って国づくりをすることが提唱され、岩倉具視によって採用されることになります。

こうした王政復古・神武創業の精神が即位礼の式場の舗設などにも影響を与えています。例えば平成の御大礼でも使用された高御座は大正天皇以降のもので、明治天皇の即位礼では孝明天皇ご使用の高御座が安政の内裏炎上で焼失したこともあり、御帳台が代用されています。また古典を考証して新時代に相応しい即位式をという、岩倉具視らの意向により、礼服を廃止して束帯を着用し、告天の焼香を廃止して奉幣を行うなど、従来の唐風ではない日本らしさを探究したところがありました。他方で、世界の中の日本という意識から、水戸の徳川斉昭が孝明天皇に献上した大地球儀を式場に設置するなど、明治天皇の即位礼は前の時代、それから大正天皇以降と比較しても、非常にユニークなところがあります。

九月に明治と改元になり、東京へとご出発になります。途中、熱田神宮にお参りになり、当地の農民の暮らしぶりをご覧になりました。東京に十月十三日にお着きになりましたが、年内に一度京都へお還りになりまして、孝明天皇陵への三回聖忌の勅使差遣、そして一條美子さま（昭憲皇太后）とのご婚儀を執り行われました。翌年春また東京にお出ましになりますが、その途中に今度は遠回りをして伊勢まで行かれまして、歴代の天皇さまとして最初の神宮御参拝をなされました。これも敬神崇祖の実践であり、実際に神宮を御親拝になるという、明確でわかりやすいご行動です。大久保利通などが建白し、明治天皇も宸翰でご表明になった、国民のお父さま、お母さまと仰がれるような「聖徳」の顕現、こういう姿勢が実は神宮行幸のような前例のない祭儀にも反映していったということです。

このように明治元年前後の御事績をうかがうと、国際化への志向とともに、日本の伝統ことに神道を尊重しようという意識が強く見受けられます。そして、津和野藩主の亀井茲監、その臣下の福羽美静らが政府の神祇行政に参画し、「五箇条の御誓文」の祭儀や、即位礼の準備に積極的に力を尽しています。福羽が維新当時に記したものを見ると、神の御心こそが「本」であって、実際の奉仕というのは「末」のことである。いかに「本」と「末」とをわきまえて奉仕に勤しむことができるかが大事だということを言っています(「或神職に示し侍りける文」、『勤齋公奉務要書残編』巻二)。

明治天皇が御晩年に「わがくには神のすゑなり神まつる昔のてぶりわするなよゆめ」(明治四十三年)という有名な御製をお詠みになっています。神さまの「末」である現代の私たちはやはり「本」の神の御心を忘れてはいけません。また「よきをとりあしきをすてて外国におとらぬくにとなすよしもがな」(明治四十二年)という御製からは、そうはいっても、いいものを取り入れて、悪いものは改めて、外国に負けない国にしていかなければいけない。古いものを大切にすることとともに、良いものをも取り入れていくという、この御晩年の明治天皇の大御心は、明治維新に『古事記』を進講した福羽美静の思想と重なるものが感じられて興味深いです。

六　明治天皇の「教育勅語」

明治三十三年(一九〇〇)に、アメリカにおいて『武士道』を出版し、「正義」「勇気」「礼儀」「正直」など、日本人の伝統的な道徳を海外に英文で紹介した、わが郷土岩手県の偉人・新渡戸稲造は、晩年の昭和五年に「教育勅語」について次のように述べています。

明治天皇の御製を拝読するにいかにも事につけ、物につけ、陛下が民の労苦を思召し、民の幸福を祈らせ給ふた大御心が拝察せられる。暑い時には暑いやうに、煮えるごとき田に耕す者、寒い時には寒いやうに、温き着物なき者の身に御同情なされる有様は、我々の屢々拝読するところである。親でなければこれ程にも思はれまいと思ふやうな、温い柔しい御真情が溢れてをる。そのことを知る者は、勅語も親の子に賜ふたものならんと信ぜざるを得ない(「教育勅語発布四十年を迎へて」)。

明治天皇にも献上された名著『武士道』で新渡戸稲造が述べた、「王政復古の暴風と国民的維新の旋風との中を我が国船の舵取りし大政治家たちは、武士道以外何らの道徳的教訓を知らざりし人々であった」(矢内原忠雄訳)との思いは、旧南部藩士の父祖の血を受け継ぐ新渡戸稲造自身の人生観とも重なるものであったのでしょう。幼くして親を失った新渡戸稲造をはじめ、近代日本の発展のために活躍した人々の多くが、明治天皇が明治二十四年にお詠みになりました、「とこしへに民やすかれといのるなるわがよをまもれ伊勢のおほかみ」など、国民の生活を案じられた御製の数々や、「教育勅語」を通して、さらには、明治天皇が崩御された後、大正九年に、明治天皇とお后の昭憲皇太后をお祀りするために、全国からの献木と青年団の奉仕により造営された、東京代々木の明治神宮を拝して、明治天皇のことを、あたかも自分の父親のように、心からお慕い申し上げていたことが感銘深く伝わって参ります。

宮内省の臨時帝室編修管として「明治天皇紀」の編修に携わった渡邊幾治郎氏は、『教育勅語渙発の由来』（学而書院、昭和十年）の中で、「教育勅語」を国民が失ってはならない「最大の国宝」であるとの讃辞を遺しています。

明治維新には王政復古と文明開化という二つの大きな目標があり、それが調和したものが、明治元年（一八六八）三月十四日に、明治天皇が京都御所の紫宸殿に、天地の神々を祭りお誓いになった「五箇条の御誓文」です。そこには「智識を世界に求め、大に皇基を振起すべし」という一箇条があります。ここにいう「皇基」、皇国の基とは、教育勅語にある「天壌無窮の皇運」と同じ意味を持っているように思われます。世界中の知識や技術を採用して近代化、文明開化を目指すことは、一方で王政復古に象徴される、日本古来の正しい道の発展に資するものでなければならない。この「五箇条の御誓文」に示された「和魂洋才」の精神は、今なお尊ばれるべき明治維新の精神の基であり、「教育勅語」はこの明治維新の精神から出発していると思われます。

明治天皇は、明治五年より十八年まで、六回にわたる地方巡幸によって、日本全国をつぶさにご視察になり、学校の授業もご覧になっておられます。明治十二年には、側近の元田永孚に教育現場をご覧になった感想を述べられました（聖旨教学大旨）。日本の伝統的な教育の基本は仁義・忠孝といった道徳を学び、その上で知識や技能を身につけて、世のため人のために尽くすことにあるが、近年の状況は知識や技能の習得のみを尊び、道徳の教育が疎かにされているとして、将来のことを大変心配しておられます。明治天皇はこのように、すでに明治十二年頃から、ご自身による学校現場のご視察をもとに、後の教育勅語へと受け継がれる国民の道徳教育の改善についてのお考えがありました。

憲法発布の翌年、明治二十三年二月の地方官会議で徳育の問題が議論され、岩手県の石井省一郎知事らが提言を行っております。それをお聞きになった明治天皇は、時の文部大臣榎本武揚に、徳育に関する箴言（格言）案の作成を御下命になりました。明治二十三年五月に内閣の改造があり、文部大臣に芳川顕正が就任します。時の総理大臣は山縣有朋です。文部省の命により、最初に中村正直が六月に草案しました。忠孝の根源は敬天・敬神にあるという趣旨のものでした。これを受けて、法制局長官の井上毅が新たに草稿したものを原案に、元田永孚が修正を加え、これを明治天皇にご覧に入れましたところ、元田永孚にもう少し吟味するように御下命があり、何度も推敲を重ねた末、明治天皇のご裁可を得て、「教育勅語」の成文が完成しております。

「教育勅語」は明治二十三年十月三十日に渙発され、その一カ月後の十一月二十九日には、帝国議会が開設されております。新しい立憲政治、議会政治に先立ち、国民教育の基本をお示しになったものであり、通常の詔勅とは異なり、内閣大臣の副署がなく、明治天皇が政府を経由せずに、直接国民一人一人に賜ることを意識したものといえます。

教育勅語の内容を拝察する前に、全文をご覧下さい（原文は句読点なし）。

朕惟フニ、我カ皇祖皇宗、国ヲ肇ムルコト宏遠ニ、徳ヲ樹ツルコト深厚ナリ。我カ臣民、克ク忠ニ克ク孝ニ、億兆心ヲ一ニシテ、世世厥ノ美ヲ済セルハ、此レ我カ国体ノ精華ニシテ、教育ノ淵源亦実ニ此ニ存ス。爾臣民、父母ニ孝ニ兄弟ニ友ニ、夫婦相和シ朋友相信シ、恭倹己レヲ持シ博愛衆ニ及ホシ、学ヲ修メ業ヲ習ヒ、以テ智能ヲ啓発シ徳器ヲ成就シ、進テ公益ヲ広メ世務ヲ開キ、常ニ国憲ヲ重シ国法ニ遵ヒ、一旦緩急アレハ義勇公ニ奉シ、以テ天壌無窮ノ皇運ヲ扶翼スヘシ。是ノ如キハ、独リ朕カ忠良ノ臣民タルノミナラス、又以テ爾祖先ノ遺風ヲ顕彰スルニ足ラン。斯ノ道ハ、実ニ我カ皇祖皇宗ノ遺訓ニシテ、子孫臣民ノ倶ニ遵守スヘキ所、之ヲ古今ニ通シテ謬ラス、之ヲ中外ニ施シテ悖ラス、朕爾臣民ト倶ニ、拳拳服膺シテ、咸其徳ヲ一ニセンコトヲ庶幾フ。

明治二十三年十月三十日
御名　御璽

三百十五字の簡潔な文章です。以下その内容を、諸先生の学説（亘理章三郎『教育勅語釈義全書』等）

を参照しながら、拝察させていただきます。

第一段の「朕惟フニ」から「教育ノ淵源亦実ニ此ニ存ス」までは建国の精神が述べられています。「朕」は、天皇御自ら「われ」と称されるお言葉であり、「惟フニ」は「思うに」と同じで、「考えてみるに」ということです。「朕惟フニ」は、下の「教育ノ淵源亦実ニ此ニ存ス」までかかります。明治天皇が、ご自身の大御心を国民にお示しになるために、最初に「朕惟フニ」と仰せられたものです。「我カ」は「我等が」という親しみの意味がこめられています。「皇祖皇宗」は、皇室の御先祖のことです。我が国では古より天皇を「すめらみこと」と申し上げ、「すめ」はこの上もなく尊いという意味で、古典では皇祖を「みおや」と訓ませています。「祖」と「宗」とを分けるときには「皇祖」はその国を肇め造った第一代の君主をさし、「皇宗」は第二代以降の君主をさしますが、我が国は悠久の昔より一系の皇統がお続きになっています。明治時代の詔勅に「皇祖」と「皇宗」とを分けてある場合は、御歴代を遠く神代にまで遡り、皇祖はその始めの方を仰せられ、皇宗はその後の方を仰せられていますので、ある時代に限定して区別したものではなく、皇祖・皇宗併せて一つの意義をなし、祖宗列聖と仰せられたのと同じことになると思われます。「国」は「国家」のことで、ここでは万世一系の天皇が統治する皇国（日本の国家）のことです。「肇ムル」は、創め造るということ。とくに上古のある時代に限定せず、長く引き続いてのことを申します。「宏遠ニ」は、広大久遠の規模のことで、我が国の建国は太古にあり、かつ規模が宏大であることを説いたものです。「徳ヲ樹ツルコト深厚ナリ」とは、皇祖皇宗が君徳を樹立し、我が国民の理想とすべき道徳を国中に深く厚くお布きになり、人倫の大道を示されたことを申します。「我カ臣民」は、皇祖皇宗以来、天皇に仕える歴代の国民を「我等が臣民」と親しんで仰せられたものです。「克ク忠ニ克ク孝ニ」は、世々の国民が、よく誠の心をもって国家に奉仕し、誠の心をもって先祖と親に仕えたことを申します。「億兆心ヲ一ニシテ」は、多くの人々が心を同じくして。「世世厥ノ美ヲ済セルハ」は、代々その忠孝の（道徳的に）美しい風習を成就して来たのは、という意味です。「此レ」は「我カ皇祖皇宗」以下、「世世厥ノ美ヲ済セルハ」までを承けます。「我カ」は「我カ皇祖皇宗」の「我カ」と道義で、「我等が」「私たち日本人の」という親しみをこめられた表現です。「国体」は、日本の古典の伝承にもとづく建国の原理、ないしは国家の体制（尾藤正英「水戸学の特質」）のこと。「精華」は、その最も純美なところという意味です。「我カ国体ノ精華」とは、由緒ある日本の国の特色の中で、最も純美な素晴らしい所ということです。「教育ノ淵源亦実ニ此ニ存ス」については、「教育勅語」は国民に教育の根本を示されたもので、ここに「教育」とあるのは「国民教育」のことで、学校教育はもとより家庭教育、社会教育などすべてを含むものです。「淵源」は、基づくところ、国民教育の根本とし理想とするところ。「実ニ」はまことに、たしかにそうであると強調する語句です。「此ニ」は前の「此レ」と同じ事柄。「存ス」は「在る」ということです。「我カ国体ノ精華」は、すなわちまた我が国民教育の根本であり、理想たるものの存するところであると、意味を強く確かめて仰せられたものです。

次に、第二段の「爾臣民」から「又以テ爾祖先ノ遺風ヲ顕彰スルニ足ラン」までは、国民が実践すべき徳目について、親しく仰せられたものです。「爾臣民」は、「汝ら臣民よ」と私たち国民一人ひとりに親しく呼びかけられたものです。「父母ニ孝ニ」は、父母に孝行の誠を尽くすこと。直接の父母に始まり、祖父母・曾祖父母・高祖父母、更に伯叔父母等、なお進んでは父母の子孫に対する道をも含めることができます。「兄弟ニ友ニ」は兄弟姉妹に友愛であれよと仰せられたものです。「夫婦相和シ」は、夫婦が互いに愛情の心を以て相和することです。「朋友相信シ」は、友達は互いに正直でいつわりのない信をもって交わることです。「恭倹己レヲ持シ」は、恭倹の徳、すなわち我が心をひきしめ、行いを慎んで、事のよきほどを守り、道に外れたことをしないように心がけて我が身を取り扱うことです。「博愛衆ニ及ホシ」の「博」は「広」、「愛」は思いやりの心から人のためになることをすること。「博愛」は偏りなく普く一切に行き渡る愛ということです。「衆」は多くの人々、すべての人類。「及ホシ」は「行きとどかす」の意味で、「施す」という意味とは違い、近きより遠きに行きとどかすことで、それには順序の差別があります。その差別はおおよそ縁の軽重や事の緩急によって決まります。この教えをおし広めて、愛情を動植物や地球の環境（禽獣草木等）にまで及ぼすべきである、と解釈することも出来ますが、それらは「博愛衆ニ及ホシ」の教えの応用とすべきものです。「学ヲ修メ業ヲ習ヒ」は、学業を修習しという意味で、修学と習業は別の二つの事ではないと思われます。「以テ智能ヲ啓発シ」は、学業の修習によって智識や才能を発展せしめることです。「徳器ヲ成就シ」は、人としての徳性（道徳的人格、道徳的品性）を修め養うこと。「進テ公益ヲ広メ世務ヲ開キ」の「進テ」は、学を修め業を習う立場から、更に世の中に進み出てということです。「公益」は社会・国家の共同のためになること。公共の利益のことです。「広メ」は発展せしめてその及ぶところを大いにすること。「世務」は社会・国家のためになる仕事、世間有用の務め。「開キ」は創造し発展せしめることです。「常ニ国憲ヲ重シ国法ニ遵ヒ」の「常ニ」はいつでも。「国憲」は国家の根本規則。ここでは皇室典範と帝国憲法のことです。「重シ」は尊び守ること。「国法」は国家の規則で、ここでは法律等のことです。「遵ヒ」は守り行うことです。「一旦緩急アレハ義勇公ニ奉シ」は、もしも急な事変が起こったならば義勇(正しい勇気)を奮い起こして公共のため(国家社会)に奉仕せよという意味です。「以テ天壌無窮ノ皇運ヲ扶翼スヘシ」の「以テ」は「父母ニ孝ニ」より「一旦緩急アレハ義勇公ニ奉シ」までを承けます。「天壌無窮」は天地と共に窮まりのない、永遠ということ。「皇運」は日本の国の隆運。「扶翼」はたすけなすことです。「是ノ如キハ」は「父母ニ孝ニ」以下「皇運ヲ扶翼スヘシ」までを承けます。以上は我が国民の道であってこれをよく守り行うものは、という意味です。「独リ朕カ忠良ノ臣民タルノミナラス」は、ただ忠義順良の臣民であるのみならず。「又以テ爾祖先ノ遺風ヲ顕彰スルニ足ラン」は、またこれによって、汝ら臣民の祖先が伝承してきた美風(麗しい風習)を十分に顕彰できるであろう、という意味です。なお、この一節は前段の「我カ臣民・・・世世厥ノ美ヲ済セルハ」に照応するものです。

「教育勅語」に仰せられている道徳の徳目は、大きく三種類に分けられます。ひとつは、「家族や友達との人間関係についての徳目」で、「孝行」、「友愛」、「夫婦の和」、「朋友の信」がこれにあたります。二つめに、「社会のなかで活動する個人の徳目」として、「謙遜」、「博愛」、「修学習業」、「智能啓発」、「徳器成就」があります。三つめに、国家・社会の一員としての行動についての徳目として、

「公益世務」、「遵法」、「義勇」があります。さらに、日本人の道徳の根本理想としての「皇運扶翼」の道があります。

次に、第三段の「斯ノ道ハ」から「咸其徳ヲ一ニセンコトヲ庶幾フ」までにおいて、明治天皇は先祖伝来の道を国民と共に実践しようとの大御心をお示しになっております。「斯ノ道ハ」は、この我等のまさに実践すべきことは、ということで「斯ノ道」というのは前段の「父母ニ孝ニ」以下「天壌無窮ノ皇運ヲ扶翼スヘシ」までのことです。「実ニ我カ皇祖皇宗ノ遺訓ニシテ」の「遺訓」は、のこし伝えた教えのことで、ここでは皇祖皇宗の遺し伝えられた御教えのことです。「子孫臣民ノ倶ニ遵守スヘキ所」については、この道は実に我が皇祖皇宗の御遺訓であって、其の御子孫にまします天皇や皇族の御方々も、また国民及び国民の子孫も、皆斉しく永久に遵い守るべき所のものであると仰せられたものです。「之ヲ古今ニ通シテ謬ラス之ヲ中外ニ施シテ悖ラス」の「之」は、「斯ノ道」のことです。「古今ニ通シテ」は、昔の時にも、今の時にも、何時でも。「謬ラス」は間違いがないこと。「中外ニ施シテ」は我が国で行っても、外国で行っても。「悖ラス」は逆にそむくことがないということ。「斯ノ道」は時からいえば「古今に通じて謬らず」、処からいえば「中外に施して悖らず」、すなわち宇宙に行き渡った真理であることを強く確信して仰せられたものであります。「朕爾臣民ト倶ニ拳拳服膺シテ咸其徳ヲ一ニセンコトヲ庶幾フ」における、「拳拳服膺」は慎んでこれを我が身につけて自ら守り行うこと。慎んで奉戴実行することです。「咸」は皆と同じく、ことごとくの人ということ。「徳」は、これまで述べられてきた日本伝来の道徳のことです。朕は汝ら臣民と斉しく、つつしんでこれらの道徳を我が身につけて、自ら之を実践し、皆その徳を同一に、心を一つにすることをひたすら願い望むと仰せられたのであります。

「教育勅語」の精神を、今後の国づくり、社会づくり、人づくりに、どのように継承していくべきか。結びにあたって二つの提言を申し上げたいと思います。まず、「教育勅語」は、まさに「声に出して読みたい日本語」、素晴らしい文章です。これを読み、あるいは書き写す、あるいは内容等について勉強する機会を折々に設けて、理解、習得に努めていくべきだと思います。もうひとつは、私たちの身近にある昔話や民話、あるいは家庭、神社等での祭礼や、年中行事、しきたりなどの大切さを理解し、伝承発展させていくことが重要です。私たちの身近にある伝統文化の精神を再確認して、継承と発展に尽くすことは、「教育勅語」にある、私たちの祖先の遺風の顕彰に努めることに他ならないと拝察いたします。

七　昭憲皇太后の坤徳と「金剛石」

平成二十六年（二〇一四）は、明治天皇の皇后、昭憲皇太后が大正三年（一九一四）四月十一日、青山御所において御年六十五歳で崩御されてより百年にあたります。

昭憲皇太后は嘉永三年四月十七日（一八五〇年五月二十八日）、従一位左大臣一條忠香公の第三女として京都で御誕生、御年十九歳の明治元年十二月、皇后に迎えられ御名を美子《はるこ》と賜りました。以来、大帝と仰がれる明治天皇への御内助、女子教育の御奨励、赤十字の御奨励ことに万国赤十字への金十万円の御下賜（昭憲皇太后基金）、日清・日露戦争時における病院行啓や繃帯の御縫製、さらには御生涯に詠まれた約三万首の御歌など、数々の御事蹟を通じて国民より「国母陛下」と敬慕されました。

崩御翌月の五月六日には、同二十四日の大喪儀（代々木練兵場内葬場殿）の際に各学校で奉唱すべく文部省が謹撰した奉悼歌（千家尊福作詞、東京音楽学校作曲）が公表されました。文部省唱歌「金剛石」にちなんだ歌詞となっています（拙著『明治聖徳論の研究』）。

金剛石の御さとしに　　みがく心の玉箒
袖の涙ははらひても　　つきぬなげきをいかにせむ

時計の針の御訓を　　心に深くきざみつつ
学の窓にいそしみて　　大御霊をば慰めむ

御追号「昭憲皇太后」の仰出は五月九日に発表されました（宮内省告示）。特定の出典に拠らず「最も崇高幽遠の意を含蓄する字を一字宛選択されたもの」で、「御宏徳は遺憾無くこの二字の上に顕れて居る」（「奥床しき文字　三島中洲翁談話」『東京朝日新聞』大正三年五月十日）と称賛されました。

大正三年六月、明治天皇を奉祀する神宮（明治神宮、大正九年鎮座）を造営するための諸案件ついて審議する神社奉祀調査会は、内務大臣大隈重信に宛て、昭憲皇太后を同殿に奉祀することを建議し、その理由に、神武天皇・媛蹈鞴五十鈴媛《ひめたたらいすずひめ》皇后を祀る橿原神宮の先例とともに、昭憲皇太后の「坤徳」を国内外の人々が「均シク崇敬シ奉リ来レル」ことを挙げました（『明治神宮造営誌』）。

近代の代表的ジャーナリストで歴史家の徳富蘇峰は昭和九年四月十日、昭憲皇太后二十年祭の前夜に日本放送協会東京中央放送局（ＪＯＡＫ）が明治神宮社務所から放送した講演「昭憲皇太后の御坤徳に就いて」において、「明治天皇の御盛徳の中には多分に昭憲皇太后の御坤徳が篭つてゐる」と強調し、坤徳の培養に尽くした熊本藩出身の元田永孚の功績を指摘しています（『聖徳景仰』）。

元田永孚の自伝『還暦之記』によると、明治天皇の侍読に就任したのは明治四年五月三十日であり、六年春より皇后の侍読をも勤めました。元田は当時、「皇后天資睿敏学ヲ好ンテ倦ムコト無ク……聖皇后タルコトヲ感覚セサルコト無キナリ」と、御学問への姿勢のみならず天皇への敬愛の御姿や公務における厳格な御態度などをも総じて感服したといいます。また明治九年には箕作麟祥訳述『泰西勧善訓蒙』をもとに米国の政治家・科学者で独立宣言起草委員でもあったベンジャミン・フランクリンの十二徳を進講申し上げたところ、「皇后宮十二徳ノ御歌ヲ製シテ之ヲ賜フ」と注目すべき記録が残されています。そのうち「勤労」の徳を詠まれた御歌が、有名な「みがかずば玉の光はいでざらむ人のこころもかくこそあるらし」の一首です。

その前年、明治八年十一月二十九日、皇后は東京女子師範学校（現・お茶の水女子大学）開校式に行啓されました。同校の初代摂理（校長）は「教育勅語」の草案にも尽した中村正直（敬宇）であり、首席入学の青山千世が式後に『泰西勧善訓蒙』を御前で講義申し上げました。皇后は翌月十二月二十日に「みがかずば玉も鏡も何かせむまなびの道もかくこそありけれ」の御歌を賜り、同校は十一年十月、校歌への使用許可を得て、宮中雅楽士東儀季熙が作曲して日本最初の校歌が誕生しました。また明治十八年十一月十三日に開校した華族女学校（後の女子学習院）には、二十年三月十八日に「金剛石」「水は器」の二首が下賜され、同校でも奥好義の作曲により校歌に採用、後に文部省唱歌として国民に歌い継がれました。

金剛石

金剛石も　　みがかずば
珠のひかりは　　そはざらむ
人もまなびて　　のちにこそ
まことの徳は　　あらはるれ

時計のはりの　たえまなく
めぐるがごとく　時のまの
日かげをしみて　はげみなば
いかなるわざか　ならざらむ

水は器

水はうつはに　したがひて
そのさまざまに　なりぬなり
人はまじはる　友により
よきにあしきに　うつるなり
おのれにまさる　よき友を
えらびもとめて　もろともに
こころの駒に　むちうちて
まなびの道に　すすめかし

青森県出身の文豪・太宰治は、山梨県御坂峠の天下茶屋に転地して作風改革に挑んだ頃の『富嶽百景』（昭和十四年）に、「金剛石も磨かずば、といふ唱歌を繰り返し繰り返し歌つてみたりしてゐるばかりで、小説は、一枚も書き進めることができなかつた」とユーモラスに記しています（拙稿「昭憲皇太后と日本人」）。

さらに平成六年六月十三日、天皇・皇后両陛下の御訪米を歓迎する式典がホワイトハウスで催された際、クリントン大統領が橘曙覧の和歌を、天皇陛下は昭憲皇太后がベンジャミン・フランクリンの十二徳について詠まれた御歌について紹介され、ともどもに両国の精神文化を表敬されました。

徳富蘇峰が述べた通り、国内外で百年にわたり慕われてきた昭憲皇太后の坤徳は、天資英邁のみならず、御幼少よりの御修養により涵養されたところが少なくないと拝察されます。その御逸事の一つに富岡製糸場行啓を挙げるべきでしょう。明治六年六月十九日、皇后は英照皇太后（孝明天皇の准后）とともに馬車で赤坂仮皇居を御出発になり、二十四日に群馬県の富岡製糸場を御視察、二十八日に還啓になりました。『東京日日』が明治六年七月二十六日に掲げた記事によると、行啓に供奉した津和野藩出身の侍講福羽美静が、「降雨にしひても見ませぬれつつもはこぶ田づらのしづがわか苗」の歌を詠み奉ったのに対し、皇后は「心ありてしひても見よと賤のわざこれも教のうちとこそおもへ」とお歌いになったといいます（『新聞集成明治編年史』）。臣下の真心こもる歌を通じて、雨を厭わず田植に勤しむ農民の姿を強いてご覧になることを「教のうち」と素直にお受けになるさまが感銘深く偲ばれます。

さらにこうした慈愛に満ちた御事蹟は、日本赤十字社名誉総裁であられる皇后陛下の全国赤十字大会（明治神宮会館）行啓や、昭憲皇太后が明治四年にお始めになった御養蚕を貞明皇后、香淳皇后、皇后陛下が連綿とお引継ぎになり、皇居内の紅葉山御養蚕所で作業に携わっておられること、天皇陛下が我が国の農耕文化の中心である稲作について、昭和天皇の御創始の行事をお引継ぎになった大御心を通じて、国民のあるべき道をお諭し下さっているように拝察されます。

なお、筆者が平成三年に國學院大學神道学専攻科に入学し、基礎集団実習に参加した折、初めて明治神宮で引かせて戴いた大御心(おみくじ)の一首は、「衛生」と題した昭憲皇太后御歌「かりそめのことは思はでくらすこそ世にながらへむ薬なるらめ」でした。取り越し苦労をしないで一日一日に精励せよとのお諭しが、今日までの大きな支えとなったことを感謝申し上げずにはいられません。このような御文徳にこめられた慈悲の大御心を仰ぎ奉り、神社祭祀の厳修とともに、浄明正直なる道の国日本の復興と発展に向けて邁進したいものです。

八　明治神宮の源流としての聖徳

明治天皇・昭憲皇太后を祀る明治神宮の創建は、大正九年（一九二〇）十一月一日です。その造営と歴史に関する公的な記録として『明治神宮造営誌』（内務省神社局、昭和五年復興版）、『明治神宮外苑志』（明治神宮奉賛会、昭和十二年）、『明治神宮五十年誌』（明治神宮、昭和五十四年）などがあります。これらの記録は、明治天皇の崩御とともに国民から澎湃として沸き起こった天皇奉祀の議論や請願から書き起こしています。しかしながら、明治天皇と昭憲皇太后を御在世中よりお慕いした同時代の国民に想いを寄せることが大切だと思います。このような問題意識をもって、かねて筆者は明治の聖徳に寄せる国民の景仰と明治神宮創建の関係について、当時の新聞や雑誌、書籍などの分析を通して検討し、拙著『明治聖徳論の研究――明治神宮の神学』（国書刊行会、平成二十二年）にまとめました。広大無辺と称えられる明治の聖徳鴻業の全容を調査し尽くしたとは到底いえませんが、現状況において得られた成果をもとに、明治神宮創建の背景としての明治の聖徳について、とくに重要と思われる幾つかのことを紹介します。

明治神宮の社殿がなぜ檜素木造なのかについて、正史は明確な理由を記していません。しかし、明治の御代を生きた国民の多くは、次のような気持ちを暗黙に共有していたようです。

先帝陛下の御倹徳に渡らせられたことは幾ら語っても語り尽くされぬ、近頃民間では陛下の御遺徳を仰がんために明治神宮の建設を計画して居るやうであるが、……其設計は何処までも先帝の大御心を体して質素を旨としなければならぬ（「明治神宮の御造営　伊勢神宮に倣へ　男爵加藤弘之氏談」『大阪朝日新聞』大正元年八月九日）。

大正二年暮の第一回神社奉祀調査会（明治神宮創建に関する諸項目を調査審議する政府の委員会）の開会にあたり原敬会長が、「先帝陛下ノ御倹徳ヲ仰キ奉ルトキハ質実ニシテ而カモ崇厳ナランコトヲ旨トスヘキハ固ヨリ其所ナリト信ス」（「神社奉祀調査会経過要領」）と挨拶したのも、このような倹徳景仰の民意を集約したものであったといえます。

明治神宮の境内は内外苑あわせて百万平方メートルにも及び、おなじ近代の東京に創建された靖國神社の十倍以上の広さを誇ります。この広大な神域にも、明治の聖徳鴻業を慕う民意が反映していることは、姉崎正治（宗教学者）の次のような意見から窺われます。

世間には記念と崇敬と云ふことを別にして考へんとする人がある様であるが、私は之は相離して考ふ可きものではないと思ふ、即ち記念するが故に崇敬の念が起り崇敬す可きものなるが故に記念の心も起るのだと思ふ、故に明治神宮が出来るならば此意味からしてその上に明治の雄大にして快活な気宇を十分に写さねばならぬと思ふのである（「神宮及び記念物」『東京朝日新聞』大正元年八月八日）。

大正時代に全国からの献木十万本を植林して造られ、いまでは天然林と見まがうほど木々が鬱蒼と繁茂する明治神宮の境内が、「明治の雄大にして快活な気宇」の表象であることを私たちは忘れてはならないでしょう。

宮内省の臨時帝室編修官として「明治天皇紀」編修に尽した渡邊幾治郎は、明治の聖徳の特色は謙徳にあるとし、「この偉大なる国家統治の大功を成就せしに関せず、御躬は謙虚常に足らずとし、終生政治につとめられた。ただ仰ぐところは、神祖の御威徳であり、思ふところは国民の安否と国際親善の外になにごともなかったのである」（『明治天皇』上巻、明治神宮社務所、昭和三十五年）と述べ、「とこしへに民やすかれといのるなるわが世をまもれ伊勢のおほかみ」（明治二十四年）などの敬神の御製を紹介しています。明治天皇が敬神崇祖の規範を示されたことは、「五箇条の御誓文」の親祭や歴代天皇最初の神宮行幸など数々の御事績からも拝察されます。

明治天皇の動静を伝える同時代の記事には「精励」の語が頻繁に用いられており、明治の聖徳を形容する代表的なキーワードといえます。例えば崩御直後の新聞に次のようにみえます。

『朕幼弱を以て猝に大統を紹ぎ爾来何を以て万国に対立し列祖に事へ奉らんや朝夕恐懼に堪へず』と仰出されしは明治天皇陛下御十七歳の時である。爾来四十五年夙夜御精励、内政を整斉し外政を振作し、寸退尺進、会て誤つて支那の一部と視られた島国は今や世界列強と伍して重きを成すに至つた。四十五年は夢の間であつたが此間に於ける文物の発達国勢の膨張は真に眼を瞠らしむるものがある（「明治の始と終（一）」『東京朝日新聞』大正元年八月二日）。

ここでは「五箇条の御誓文」とともに国民に渙発された「宸翰」の冒頭を引用し、若くして皇位を継がれた明治天皇の御在世中の「夙夜御精励」の姿が、国力増進の基であったと称えています。

近代日本建設において、明治天皇とともに、昭憲皇太后の果たされた役割はきわめて大きく、それは、昭憲皇太后の御大葬にあたっての『東京朝日新聞』社説にみえる、両陛下が「乾坤と並に仰がれ」たという指摘、あるいは『読売新聞』（大正三年四月三十日）が昭憲皇太后の明治神宮奉祀の動向を報じた記事中の、「新日本を創設し給ひたる御二聖」という意識と連関するものと思われます。大島義脩（女子学習院長）は大正九年の明治神宮鎮座記念講演（演題「坤位の神徳」）で、やはり「明治の二柱」と表現し、「明治の御代は終つても明治の皇后様で御出でになつた所の昭憲皇太后は皇太后として尚ほ此世にましました間は、尚ほ我々は明治の光りの後の名残りを持つて居る心持でございました」とも語っています。つまり明治の聖徳は、明治天皇の「乾徳」のみならず、昭憲皇太后の「坤徳」、ことに数多の御歌にみられる文徳、内助に尽された貞徳、赤十字奨励をはじめとする仁徳を併せて拝察しなければなりません。

明治神宮奉賛会理事長として明治神宮の創建に尽した阪谷芳郎は、昭和五年の明治神宮鎮座十年祭を記念したラジオ講演で次のように述べています。

大体ノ理想ハ国体上無言ノ教育ヲ一般国民ニ与フルヲ目的トシ、同時ニ敬神ノ念ヲ自然ニ養成セシムルニアリマシテ、内外苑相俟テ祭神ノ御聖徳ヲ万世ニ伝フルト共ニ国民ハ常ニ祭神御二柱ノ事ヲ追慕崇拝シ奉リ、永久ニ其御余徳ニ浴シ民族ノ繁栄国運ノ隆昌ヲ期セントスルモノデアリマ

ス（『明治神宮御造営ノ由来』明治神宮奉賛会、昭和七年）。

祭神の聖徳を伝えるため、無言の国体教育と敬神観念の養成の場となることを理想として明治神宮内外苑を計画したといいます。神宮創建の特別功労者の一人である阪谷は、晩年まで、この持論によって境内風致の重要さを説き続けました（『明治神宮奉賛会日記』）。

明治神宮造営局総務課長として青年団の造営勤労奉仕を企画した田澤義鋪は、同じくラジオ講演で次のように述べています。

明治天皇の偉大であらせられるのは、如何なる方面にも現われていると思います。明治時代に領土の拡張されたこと、国力の躍進したこと、文化の発達したこと、制度の整ったこと、一として御盛徳の現われならざるはないが、明治大帝を思い、明治神宮を考うる時、国民ことごとくの「真心」が、さんぜんとして現われ来る。明治大帝のみ光に照らされて国民ことごとくの胸中に真心の光がかがやき出す。これこそ最も偉大にしてあざやかなる御盛徳の現われであると存じます（田澤義鋪『私を感激せしめた人々』昭和六年）。

田澤はこの講演を「明治天皇により輝かしめられる真心の光をますます明かにして、明治天皇の思召にかなう、真に立派な、そしてすべての人々が幸福になる、本当の美しい国家をつくって行きたいものと存じます」との言葉で結んでいます。真に立派で美しい国の完成こそ、最高の聖徳の顕彰であり、明治神宮創建の最大の意義もまたそこに存します。雄大質実なる代々木の杜に詣でた際には、幸福道の規範としての明治の聖徳に、あらためて祈りを捧げましょう。

九　明治の聖徳とインスピレーション

明治天皇崩御後、神宮創建の構想・誘致を最も強力かつ熱心に推進した渋沢栄一・阪谷芳郎ら東京有志の「覚書」（大正元年八月）には、内苑を国費によって代々木御料地に、外苑を国民の募金で旧青山練兵場に造営する、という内外苑案が描かれるとともに、「外苑内ヘハ頌徳紀念ノ宮殿及臣民ノ功績ヲ表彰スヘキ陳列館其他林泉等ノ設備ヲ施シ」と謳われました。政府の神社奉祀調査会は、大正二年十二月二十五日より翌年十一月まで八回の委員会以外に、諸案件の細目を審議する特別委員会（委員長・阪谷芳郎）を三年五月より十月まで十一回開きました。その審議で青山の附属外苑に林泉や記念の建造物を奉賛金で造営することなどが決まるとともに、特別委員の三上参次は参考意見として「外苑ニ歴史画記念館ヲ設クル考案」を草し、欧米各国の例を参考に「明治天皇ノ御一代ニ於ケル最重大ナル事件ヲ画題トシテ之ヲ描カシメ館内ニ陳列」し、「国民教化」に資することを提案します（「神社奉祀調査会経過要領」）。これが明治神宮聖徳記念絵画館という、明治天皇の御降誕より大葬に至るまでの御一代を描いた、日本画四十枚、洋画四十枚、合計八十枚の大壁画を恒久的に展示する明治神宮外苑の中心的施設として成就しました。

そのうち、北蓮蔵が描いた「岩倉邸行幸」（昭和二年）は、明治十六年七月十九日、明治天皇が岩倉具視邸を慰問された事蹟を扱ったもので、全八十作の中では比較的早く、絵画館竣工の翌年に完成しています。ここでは、作家の中里介山が昭和初期に観覧した感想を綴った「感激の泉」という詩を紹介します。

　明治神宮外苑の　　絵画館を御覧になりましたか
　土曜と日曜と大祭日とには　　一般の拝観を許します

絵の数は皆出揃ひません　　画家の人選には不満もあらうが
熱誠と努力には甲乙が無い　　いづれも一代の名匠が
敬虔を以て畢生の力を振つたもの　　おろそかなものは一も無いが
その中での一つ　　洋画家北蓮蔵の筆
明治大帝と岩倉公の臨終　　これぞ、画中の画
感激の泉である

岩倉公といふ人　　国家の柱石には相違ないが
人によつては奸物と呼ぶ　　一代の英傑には相違ないが
機略は多かつた人である

だが、この場合は批評ではない
天子親らの御見舞にも
礼服を褥上に置いて
それを助け起すの女孺は
真に泣いてゐる

忠孝は冷やかな倫理ではない
それは歴史の談議ではない

いかなる無神論者も
この絵の前に立つことしばし
それは涙の無い人だ

明治大帝御事蹟絵画館
画家の熱誠と努力に甲乙はない
洋画家北蓮蔵の筆

有ゆる過去を歴史として
立つて礼することが出来ない
俯して拝むだけの力もない
感極まつて泣いてゐる

君臣の相逢
インスピレーションである

いかなる異端主義者も
涙を堕さぬ人があつたら

人選に不満はあらうけれど
その中でも、この一つ
これぞ感激の泉

この詩は、大正末より昭和七年頃に発表した文章・講演を収めた文集『信仰と人生』（隣人之友社、昭和八年）に収められています。「忠孝は冷ややかな倫理ではない……インスピレーションである」の部分がここでの眼目でしょう。その意味や背景を探るべく、『信仰と人生』の他の文章をもう少し繙読してみます。

例えば、「無」（昭和二年三月）では、君臣、父子の徳は倫理でなく「妙機」であり、人生における「妙境」を得るには「無の世界」の探求が肝要であると述べています。また、「感謝」の一節では、

「岩倉邸行幸」（明治神宮聖徳記念絵画館蔵）

「よし人間界には様々の矛盾、撞着、憎悪、醜劣の充満するげに見ゆるとも、昭々たる天地を貫く感恩無私の信念に生きて、無くてはならぬものを知るところの神仏の恩恵に常住不断の感謝を念とすべきなり」と、「感恩無私」に生きることを説いています。さらに「生活以上」（昭和三年二月）では、日々の生活において「宗教心の涵養」、「政治的教養」、「芸術的（趣味的）教養」という三つの「生活以上の道心」を忘れてはいけないと諭しています。このうち政治については「民の竈」と題して、『新古今集』の「たかき屋

に登りて見れば煙たつたみのかまどは賑ひにけり」を引き、民の暮らしを慮る「帝王の心」こそ「政治の極意」と述べています。芸術（美術）については、「美術を鑑賞するということは、いずれの方面からも害悪を伴わないものの一つである。害悪を伴わないのみならず、情操を豊かにし趣味を涵養し、教養を高尚にすることに於て他に比類無きものがある」と、人間の情操・趣味・教養の向上への効用を指摘しています。

宗教については「事実と想像」（昭和五年一月十二日、福島大菩薩峠会に於て講演）において、「有ゆる宗教を通じて、必ず異存のないものは「信仰」である。……どの宗教にも「信仰」を否定する宗教は一つも無い筈である」、「お前は何によって小説を書くかと問われれば、私は猶予なく、信仰に依って書くと答える」と言い、さらに「芸術と宗教とは一致すべきものであって、……この点はトルストイの芸術論に至極同感を表している」と、自らの創作活動が信仰に基づくものであり、芸術と宗教の一致というトルストイの芸術論に共感することを率直に語っています。

同書における中里介山の言及は多方面に及びますが、「科学と発明」については、「ニュートンが引力の大発見は大学の教室の中から生まれたのではない。林檎が樹から落ちたという単純なインスピレーションが齎した縁である」、「科学以上に科学を動かす独創力あってこそ大いなる発明が成就する」と、教育や科学が却って発明や独創を迫害する可能性を懸念し、ここでも「インスピレーション」や「独創力」を強調しています。

「感激の泉」における「インスピレーション」もこうした信仰・人生・芸術観に連なるものでしょう。

第三章　神社と崇敬

岩手神明講の木曽御嶽山登拝

十　近代東京の神社創建と慰霊・顕彰・崇敬
――明治神宮と靖國神社――

近代の東京に創建された明治神宮と靖國神社について、河野省三氏が「靖國神社の性格」(『神社新報』)で指摘した、道徳的・常識的な廟の奉仕にあたるものを「慰霊」、それを基にして知識層の敬神観念より国民の共通感情へと進展したものを「顕彰」、さらに国民の信仰的様相(群衆的刺戟、習俗的形式)を示すにいたったものを「崇敬」と捉えた上で、「国民の神社に対する信仰・崇敬」(阪本是丸『近代の神社神道』)の様子を考察してみましょう。

明治神宮と靖國神社の比較については、加藤玄智・折口信夫・岡田米夫・照沼好文・木下直之・新谷尚紀・青井哲人などの先学諸氏によって示されてきましたが、山口輝臣『明治神宮の出現』の指摘した「森のイメージ」の相違を除くと、共通点に着目したものが多いのが特色です。すなわち、公共福祉のために著しい徳行を示した偉人への信仰であり、その萌芽は近世に求められるが、恒常的な敬神崇祖の普及に向けて新たに展示施設などを併設しており、祭神の由緒と祀り手(国民・遺族)の存在が重要であることなどが挙げられています。

明治神宮については大正元年八月二日の『やまと新聞』に掲載された千家尊福の意見にあるように、

君民あげて明治天皇の「御聖徳」を顕彰するとともに「国民帰嚮の道」を明らめることが目的とされています。靖國神社については、内務大丞林友幸が明治七年十一月、京都東山配祀の幕末殉難者の霊位を東京招魂社に合祀すべきことを建言した際に、「均シク輦下ニ於テ大祭」が執り行われる意義として、殉難者の遺族への配慮とともに、「世間忠義ノ気ヲ作興」するという二つを指摘しました。明治維新期には他に、神祇大輔福羽美静らが天皇の「御親祭」により「孝敬ノ宸衷ヲ尽」して国民を喚起すべく、伊勢神宮や熱田神宮の東京遷座を建議しました。また、矢野玄道『献芹詹語』や徳川慶勝の楠社建立建白、湊川神社宮司折田年秀の湊川神社東京遥拝所建設請願は、いずれも先の福羽と共通して教化（教導）の目的を挙げています。なお、明治以前に「東京」の建設と神霊奉祀を論じたものに、佐藤信淵『混同秘策』があるほか、鶴峯戊申「新町開発存寄書」は「敬神の道に依而民を化する事」を重視した社会政策論という点に佐藤信淵と共通の思想がみられます（藤原暹『幕末・開化期の思想史研究』）。こうした幕末以来の「敬神の道」の教化を目的とした都市の神社建設論の上に、靖國神社や明治神宮が成立したと仮定して、ではその教化にはいかなる特色が指摘できるでしょうか。

第一に境内の風致があげられます。靖國神社の場合、服部誠一『東京新繁昌記』初編などに九段の丘の清潔森厳な大社のたたずまいが「自ら忠義の魂府下を保護する」との印象が綴られ、他方、明治神宮奉賛会理事長阪谷芳郎の『明治神宮御造営ノ由来』によると、祭神の聖徳を伝えるため、無言の国体教育と敬神観念の養成の場となることを理想として明治神宮内外苑を計画したといいます。九段坂上と代々木原のランドスケープや境内面積の相違などに注意を要するとしても、おのずから敬神の念を涵養させる帝都の神域のイメージが共有されていることも見逃してはならないでしょう。

第二の特色として、両神社に附属する展示施設をあげることができます。

靖國神社遊就館（明治十四年竣工）については、早くは高橋由一が「招魂社地展額館奉創設布告書」において神霊の慰霊と庶民への展覧による神人共和の施設の希望を表明し、明治十一年二月には陸軍卿山縣有朋が岩倉具視（華族会館長）に、招魂社境内に建設計画中の「絵馬堂」の費用の一部に西南の役に際して華族会館が拠出した軍資金三万円の残金を差加えたい旨照会して了承され、翌年には「額堂」建設が着工、工部省御雇教師のイタリア人G・V・カペレッティが設計を手がけました。

明治神宮宝物殿（大正十年竣工）の建設は、神社奉祀調査会特別委員の三上参次が早くから提唱していたものであり、三上委員は参考意見として「外苑ニ歴史画記念館ヲ設クル考案」をも草し、欧米各国の例を参考に「明治天皇ノ御一代ニ於ケル最重大ナル事件ヲ画題トシテ之ヲ描カシメ館内ニ陳列」し、「国民教化」に資することを提案した。これが聖徳記念絵画館として成就し、建物は大正十五年に竣工、全八十作品が昭和十一年までに完成しました。

遊就館所蔵の五姓田芳柳「大阪陸軍臨時病院御慰問図」（明治十一年）は、明治天皇の御事績（聖徳の顕現）が絵画化された初期の事例としても注目すべき作品です。他方、聖徳記念絵画館の北蓮蔵「岩倉邸行幸」（昭和二年）は、中里介山が観覧の感想を詩「感激の泉」に綴っています。制作年代が異なるものの、いずれも君臣の徳を主題とした作品であるとともに、中里介山の「インスピレーション」の語に象徴されるように、高橋由一以来の「神人共和」の教化施設の特色が共通していると考えられます。

第三に、両神社への参拝現象を指摘することができます。

賀茂百樹編『靖國神社誌』は、「遺族を始め人民より願出でて祭典を挙行するものを、公式祭及他の祭典に別ちて暫く報賽と称す」、「またこれらの祭典の外、四時遠近より遺族若しくは、篤志者の報賽して御饌を奉り、神慮を慰めんとして祭典を乞ふもの続々あり」と述べています。当時の遺族や国民による「報賽」は「神慮を慰めん」という意識の表明であろうことが推察されますが、それに加え、例えば若月紫蘭『東京年中行事』によると、明治末には靖國神社の初詣や春秋大祭（見世物）が東京の年中行事として定着していた様子が窺えます。

明治神宮については、明治神宮造営局総務課長であった田澤義鋪が、昭和五年の鎮座十年祭にあたり「明治神宮造営の思い出」と題して講演しています。田澤の発言の特色は、ひとつは国民の真心の光の発揚こそが「最も偉大にしてあざやかなる御盛徳の現われ」とする祭神論であり、いまひとつは明治節当日のラジオ講演であるにもかかわらず、それよりも新年の参詣者の多さを強調しているところにあります。ここにも祭神の「慰霊」「顕彰」から「崇敬」すなわち国民の信仰的様相（群衆的刺戟、習俗的形式）への深まりを確認することができるように思われます。

最後に両神社を併せて信仰することの意義を大正十年に講じた靖國神社第三代宮司賀茂百樹の『明治神宮と靖國神社』をとりあげてむすびにかえたいと思います。

賀茂宮司はこのなかで、「明治神宮が先帝陛下を欽慕し奉る国民の至誠に依つて造営せられたものであるに対して、この靖國神社は、却つて天皇の国民をおぼし召す御仁慈に依つて建設せられ……そこには、君民の間を感通する一道の誠が貫いてをる」と指摘しました。さらに、雄略天皇が国の繁栄を農事殖産に求めて豊受大神宮の奉斎となり、明治天皇は尚武を奨励して国事に斃れた忠烈の諸士を招魂社にて顕彰された。産業と武備とは国にとって車の両輪のようなものであるから、日本の麗しい君臣の情が示された明治神宮と靖國神社は、伊勢の内外宮と同様の関係をもって祭祀されるべきである。それは国民の自覚にまつべきことだが、実際に両神社をともに参拝する人々は多く、「明治神宮と靖國神社とは既に離つ可からざる御関係が結ばれてをる」と述べています。

両神社を併せて崇敬する団体として、昭和十七年に有志が組織した茨城県献饌会（戦後に明治神宮・靖國神社献饌講と改称）が存続しており、終戦前後の食糧事情の悪化する中でも、神饌米の奉納が続けられました。この事実は、賀茂宮司の両神社信仰論が今日なお傾聴に値することのみならず、神道における国民参加の「慰霊」「顕彰」「崇敬」の歴史と現在とを考える好例を示しているように思われます。

十一　明治・大正の招魂社案内記
——靖國神社・護國神社の由緒と文芸——

日本人の霊魂観の解明と戦歿者の慰霊に関する研究基盤の構築を目指した研究会、國學院大學研究開発推進センター「慰霊と追悼研究会」が、先行研究の検討を通じて明らかにした、靖國神社の神観念に関する問題点が二つあります。ひとつは、村上重良氏が『慰霊と招魂』において、靖國神社に祀られる英霊は「没個性的な祭神集団」であって、「招魂の思想、靖国の思想では、天皇に敵対した者は、死後も未来永劫に「賊」であり、……こういう特異な人間観、霊魂観は、日本人が歴史とともに内にはぐくんで来たヒューマニズムを破壊し去った」と捉えた、英霊観・霊魂観の妥当性です。もうひとつは黒田俊雄氏が「鎮魂の系譜」において、近代に創建された湊川神社や靖國神社に期待されている神徳は「天皇制国家の護持というただそのことに尽きる」とし、それは「かつての御霊信仰がもっていたような民衆的・民間的な宗教意識の所産ではなく、民衆のなかに残存している墓所への崇敬としての霊魂の感情（宗教意識）を利用して、国家権力によって作為的に主導・組織された祭祀であり信仰である」と、官製の作為的信仰という視点を強調したことです。

阪本是丸氏が「『国家神道』研究の四〇年」（『日本思想史学』四二、平成二十二年）で指摘したように、近代における戦歿者の慰霊に関する研究は、国家神道研究の一部として、「戦後の政治的宗教的イデオロギーの対立をめぐる「政治史」の過程から生まれたものであり、当初から政治史的イデオロギー性を濃厚に有した日本近代史の一分野として出発した」ものです。しかし、今後は政治的側面だけでなく、靖國神社や護國神社、その前身の招魂社に関する個別事例による文化的側面の考察を促進していくべきと思います。ここではその一環として、明治・大正期発行の地方案内記における、靖國神社・護國神社の前身である招魂社の記事をいくつか取り上げ、神社の由緒を添えて紹介したいと思います。なお、資料の閲覧には国立国会図書館の近代デジタルライブラリーを利用し、靖國神社・護國神社の由緒については、各神社のホームページ、靖國神社編『故郷の護國神社と靖國神社』、五十年史編集委員会編『全國護國神社會五十年史』等を参照しました。

靖國神社は、明治二年（一八六九）六月二十九日、明治天皇の思し召しによって建てられた東京招魂社が始まりで、明治十二年（一八七九）に靖國神社と改称されて今日に至ります。明治七年（一八七四）一月二十七日、明治天皇が初めて招魂社に参拝された際の御製に「我國の為をつくせる人々の名もむさし野にとむる玉かき」とあるように、国家のために尊い命を捧げられた人々の御霊を慰め、その事績を永く後世に伝えることを目的に創建された神社であり、「靖國」の社号も勅命によるもので、「祖国を平安にする」「平和な国家を建設する」という願いがこめられています。現在、幕末の嘉永六年（一八五三）以降、明治維新、戊辰の役（戦争）、西南の役（戦争）、日清戦争、日露戦争、満洲事変、支那事変、大東亜戦争などの国難に際して、ひたすら「国安かれ」の一念のもと、国を守るために尊い生命を捧げられた二四六万六千余柱の方々の神霊が、身分や勲功、男女の別なく、すべて祖国に殉じられた尊い神霊（靖國の大神）として斉しく祀られています。

東京招魂社については、服部誠一著『東京新繁昌記』（明治七年）が明治初期の情景を「都下官社の新築は、招魂社を以て第一とす」から始まる長文で描写しています。靖國神社編『靖國神社百年史』資料篇下「文学・歌謡に現れた靖國神社」に収録されているほか、小堀桂一郎氏が『靖国神社と日本人』（ＰＨＰ研究所、平成十年）において口語文体に改め紹介し、「この文体の中に、当時の市民感覚を以てうけとめた招魂社像といったものが浮かび上がってくる」と指摘しています。

愛知縣護國神社は明治二年（一八六九）五月、尾張藩主徳川慶勝が戊辰の役に戦死した藩士等二十五柱の神霊を、現在の名古屋市昭和区川名山に祀り「旌忠社」と号したのが始まりで、その後、先の大東亜戦争に至るまでの愛知県ゆかりの御英霊九万三千余柱を、護國の大神として祀っています。社名は明治八年「招魂社」、同三十四年「官祭招魂社」、昭和十四年「愛知縣護國神社」と改称、戦後一時「愛知神社」と称し、同三十年現社名に復称しました。鎮座地は、大正七年現在の名古屋市北区名城公園、昭和十年に現社地に遷座しました。同二十年三月十九日の空襲で社殿が炎上しましたが、同三十三年十一月本殿・拝殿等が復興、同五十七年十月に社務所竣工、平成十年三月神門・舞殿・廻廊が竣工し、戦災復興が完了しました。笠原保久著『金城案内』（明治二十五年）は、明治二十年代の招魂社の静寂な祭典や競馬・相撲などの賑わいを描写しています。

栃木県出身の神霊五万五千余柱を祀る栃木縣護國神社の前身「宇都宮招魂社」は、明治五年（一八七二）年十一月に、旧宇都宮藩知事（最後の藩主）戸田忠友をはじめ旧藩士・有志の人々により創建されました。当初の祭神は戊辰の役に殉じた従三位戸田忠恕公（旧藩主）及びその臣下等九十六名の英霊であり、明治八年四月、太政官布達第六十七号により、戊辰の役殉難者は国家が祀ることとされ、官祭招魂社となりました。以後宇都宮招魂社は、西南の役・日清戦争・日露戦争など数々の戦役における栃木県出身の殉国の英霊も、併せてお祀りし、この間明治九年六月には明治天皇の東北巡幸に際し金幣のご奉納を受けました。また大正七年十一月十五日には、陸軍特別大演習の際、勅使御差遣参拝がありました。宇都宮招魂社は宇都宮市馬場町字表尾山、即ち二荒山神社に接する高台に鎮座し、その社務も戸田忠友以降、歴代の二荒山神社宮司の職掌であり、毎年四月には県の行事と宇都宮城址で大規模な招魂祭が営まれました。昭和十四年、内務省令第十二号（三月十五日公布・四月一日施行）により、全国で三十三の招魂社が護國神社と改称されるに伴い、栃木縣護國神社と改称しました。更に栃木県を挙げての紀元二千六百年記念事業として、用地献納や県下各地からの多くの寄付金を受け、市内一の沢町に造営された境内地に、昭和十五年四月二十九日遷座しました。春圃居士編『宇都宮繁昌記』（明治三十一年）には、短文ながら「神社」の章で「招魂社」について、「殉難士を祭りたる所也、公園地内俗に下の宮と称する祠に隣りて建れり、其傍に栃木県神職取締所あり、毎年四月十五日例祭にて撃剱、相撲、烟火、其他種々の興行ありて非常に賑か也」と紹介しています。

各地の招魂社を紹介した書籍は他に、佐藤蔵太郎『大分案内記　名勝旧跡』（明治三十五年）、木下鹿一郎『佐賀案内』（明治三十九年）、福島県編『福島県名勝旧跡抄』（明治四十一年）、鳥取市編『鳥取

案内』（明治四十二年）、石川県立金沢第一中学校校友会編刊『鶴駕巡啓記』（明治四十二年）、古川国三郎編『千葉街案内』（明治四十四年）、土佐電気鉄道編刊『土佐電気鉄道線路案内』（大正元年）、彦根実業同志会編刊『彦根案内』（大正六年）などがあります。「繁昌記」「案内記」「名勝旧跡」などの書名のもと、各地方の社寺や観光地とともに招魂社を紹介しており、個人による著作は六点、県や市の刊行物が三点、企業や学校関係等の団体が三点であり、明治三十年代以前は個人作品、明治四十年代以降は自治体や団体のものが大半を占めています。小堀桂一郎氏が『靖国神社と日本人』で『東京新繁昌記』を評価したのと同様に、その記述からは「当時の市民感覚を以てうけとめた招魂社像」を窺うことができます。それは、とくに以下の点において価値があると考えられます。

ひとつは、招魂社に寄せる明治・大正期の神観念（霊魂観）の一端を確認できる点です。「九段は則ち都下最高の丘地にして、……自ら忠義の魂府下を保護するに似たり」（『東京新繁昌記』）、「幾万の参拝者、粛静して人語なし、以て九泉の下、英魂を慰するに足るべし」（『金城案内』）、「あはれ明治戊辰の役、王事に斃れたる佐賀藩士の、忠魂を千載に吊ひ、義魄を万代に慰めん」（『佐賀案内』）、「維新以来国事に斃れたる忠烈の士」（『土佐電気鉄道線路案内』）、など、王事・国事に殉じた忠義の士を慰霊・顕彰する言辞が綴られているのが特色です。このほかにも、例えば村上政太郎著『三重県史談』（明治二十六年）に、

天皇の御為め、国の為めに忠をつくし、功ある人をたふとみて、神にいつぎまつるは、〔結城〕宗広、〔本居〕宣長など昔の人のみにあらず、招魂社とて、今諸方にある社は皆近ごろの人々をまつ

れるなり、是れ等は、何れも一命を国に報ひし人々なれば、かしこくも、天皇陛下これを御まつり遊ばされ、人民もあがむるを、死して後の誉といふべし、殊に其祭日には、角力、競馬、撃剱など勇しき奉納物ありて、此れ等の人の霊をなぐさむるが常なり、桑名、津などの招魂社は即ち其の一なり。

とあり、足立栗園著『神社通覧』(明治三十三年)が、

神社を大別して三種とし、上代天神祖神等を一種とし、又歴朝聖主王子を祭るものを一種とし、又明臣賢将の国家に功労ある神霊を祭祀するものを一種とすれば、陸軍の一兵卒海軍の一水夫亦何ぞ楠公菅公と撰はん、全く是れ精忠正義を以て、国難に殉死せる英魂なり、故に之に神霊祭祀の典礼を具し、一般官幣神社の列に伍するも、亦以て世道人心を裨益するに足りなん。

と述べるように、近世以前の偉人とともに、「一命を国に報ひし人々」、「精忠正義を以て、国難に殉死せる英魂」を祀り、「世道人心に裨益する」神社として崇敬されていたことが理解できます。さらに付け加えると、服部誠一の『東京新繁昌記』や中村正直の「信夫山招魂社碑」など、文芸的に重要な作品が含まれていることをも注意すべきでしょう。

十二　加藤玄智の神道研究に学ぶ

――戦後の著述を中心に――

明治聖徳記念学会創設者の加藤玄智（一八七一～一九六五）は、逝去する昭和四十年まで学問に勤しみ、近代から現代を生きた神道研究者です。

加藤玄智博士記念学会の機関誌『神道研究紀要』創刊号（昭和五十一年）の小林健三「加藤玄智博士の学績」に紹介された書簡（昭和三十八年五月十一日）で、加藤は神道研究とその神社神道さらには現代道徳への適用という、理論と実践双方に努めてきたことを率直に語るとともに、生祠研究の応用の重要性を説き、ことに「小島蕉園大人の生祠、西忠義大人の生祠」の解明が大いに役立つと自負しています。こうした晩年の加藤の真意を探ってみたいと思います。

加藤玄智は戦後、御殿場市の自邸に学労窟研究所を構え、折々に『神道宗教』『神道学』『瑞垣』などの雑誌や社報に寄稿したほか、とくに『聖徳』『富士文庫報』の二誌に論考や随想を寄せています。それらを繙読すると、戦前における発達史的研究の姿勢を持続しつつも、より信仰的実践的立場へと傾倒していったように思われます。例えば伊勢の神宮、明治神宮、出雲大社についての「一宮一社私観」（『神道学』二九、昭和三十六年）において、以上、二宮一社に関する現代人としての私、また文化史的または宗教学的神道研究者たる私の観点から、二宮一社のごとき神社の実践的大原動力は何であるか、といへば、既述の通り、それは「まこと」もしくは至誠そのものである、といへる。

既にそれは文明教期の宗教的産物であるから、至誠であり、またそれは人即神教の原理からくるものだから人道即神道、神道即人道ともいへるし、またその実践躬行は、世界に平和をもたらす大原動力だともいへる。

と述べているように、「研究者たる私」だけでなく「現代人としての私」の思想が加わっています。「私の乃木神社信仰」（『聖徳』三七、昭和三十六年）では、

私は幼少の折から次第次第に育成された仏教と云う宗教の頭脳信仰から入つて、直ちに乃木神社の祭神たる乃木聖雄に神を拝するに至つたのである。信仰の原理から云えば神即仏仏即神ということから眺めて来て私は乃木神社の信者崇敬者たらざるを得ないので、必然的に茲に至つたのである。故に世間の薄ツペラな批評家等が私を以て、仏を信じ神を信ずる等と称して、神仏二足のわらぢをはいて居る宗教学者等訳の分からぬ者であると評するのは的外れの議論であつて其知識は浅薄で其信仰体験はゼロであるという人間の妄評に外ならないと云う事を告白せざる訳にはいかない。

と語り、「知識と信仰」の調和という生涯のテーマがより鮮明になったといえます。

こうした中で生祠研究についても進展がみられます。「日本精神の理解には先づ生祠を」（『聖徳』三

八、昭和三十七年）において、

是実に西洋人は日本人の精神を解せず、日本人又欧米人の心根を能く分析して其真相を摑む事が出来ず、唯お互いに双方の表面に現われたる見聞ばかりに拘泥して、其内心奥底を理解し得ないものに一道の光明を与えて、其各自真相の理解を助ける有力なるものの一つが、茲に述べた生祠であるという事を私は力説して内外の人々に正解して頂きたいという希望に燃えざるを得ない。

と、「各自真相の理解」に資することを改めて強調しました。その信仰をめぐっては、

人間にはどんな人間にでも知情意の三が働いて、信仰又は宗教が生れ出すのである。故にどの宗教でも知識の要素を抜にして出来るものではない。唯宗教信仰の上下は其程度々々に於て夫々相当の知信関係が一致調和して成り立つものだと云うことが私の心理分析の結果だ。

と知信関係の調和の上に成立するとして、同時代における記念碑という生祠信仰の変容の事例に関心が及んでいます（「先づ自覚帰正の新年を」『富士文庫報』一四八、昭和三十八年）。

此偉大なる人物は上毛の人岡部栄信氏と呼び、其平素の篤行からして、社会環境に崇高な感化を与えたことは生祠の西忠義翁と差異のない事が分る。斯なると頌徳碑と生祠との差異がなくなってしまう。西翁の場合の様に本人には知らせずして生祠建立を計った場合と、岡部大人の場合のように其郷里に其人がまだ存命中であるために、本人からは生祠を建てられることを拒んで、漸く記念碑の形で頌徳碑として存在する事となったのである。又時代相から見ても西翁の生祠建立は昭和六年であるのに対して、岡部大人の頌徳碑は昭和三十七年に新建された。此点で生祠が

頌徳碑に化けてしまったのだと私は思う。斯様に考えて来ると生祠と頌徳碑の同点と異点とが読者にも能く分ることと信ずる。

最晩年の「生祠研究より見たる神仏二教と基督教（承前）」（昭和三十九年）においては、

　そこで今回私は長い伝統を打破ってイエス中心の基督教を他の古代イスラエル教の長い伝統たる唯一神教の系統を捨てて二元教的色彩の出て来た唯一神教とでも云わなければなるまいと考えて来た。……従来東西の諸学者は伝統の雲霧にかくされて此心眼が開かれていなかったのではいかと疑うに至った。既に述べたように私も種々比較宗教学上の書物を発刊したが、長く其昔風の考えに止まっていた。然しそこに学者の所謂誤りが私にも冒されて居ったのではなかろうかと反省して来た。

と提起し、ティーレの学説を敷衍してきた加藤の比較宗教学の根幹にあった「人即神教」「人不即神教」分類の問い直しへと向かうのでした。

明治神宮所蔵「加藤玄智博士生祠研究資料」は、大正末から昭和三十五年頃までの自筆メモ、論文抜刷、書簡、新聞切抜、などの書類四十八件（約七十点）であり、加藤が生祠研究の成果をまとめた『本邦生祠の研究』（明治聖徳記念学会、昭和六年）の刊行後に収集した資料が中心となっています。これらの資料には、約九十事例を紹介した『本邦生祠の研究』に未収録の事例・情報が十四例含まれ、加藤が『本邦生祠の研究』公刊以降も生祠の情報収集や研究を継続していたことを明らかにしています。冒頭に掲げた問題、戦後の「人心の引締」を願って生祠研究ことに「小島蕉園大人の生祠、西忠義大人の生祠」を力説した加藤の思いは、「加藤玄智博士生祠研究資料」所収の「明治神宮と天皇の御生祠」（『代々木』第五号、昭和三十三年）に表れていますので、やや長めに紹介します。

人間の死後是を神に祀つた文明教期の神社には、楠公を祭神とした湊川神社、乃木聖雄を祭神とした赤坂の乃木神社、近江聖人と呼ばれた中江藤樹先生を祭神とした琵琶湖畔の藤樹神社、二宮尊徳翁を祭神とした小田原の二宮神社等実に枚挙に遑がない。何れも皆至誠の溢れた義人正士の人格の中に人以上の神の光を拝して是を神社に祀つたものである。

是即ち忌部の正通大人が「人の心清明なれば即ち神なり」（神代口訣）と述べた通り文明教期の神道精神の現はれである。殊に乃木聖雄の場合に於ては赤坂に乃木神社が聖雄死後に創立されたばかりでなく実は名古屋市から遠くない尾張の豊明村に、乃木聖雄存命中から聖雄の至誠の徳に感激して居つた濱島伊三郎と云ふ人が、聖雄の生前から其家中に神棚式に乃木聖雄を祀り毎月神官を招いて其祝詞を以て聖雄を生祀して居つた。然るに偶々同氏が名古屋停車場で明治天皇の霊柩が京都に向はれるのを奉迎して居つた当夜始めて聖雄の死を新聞号外で知り帰宅するや直ちに大工を呼んで乃木神社を其邸内社に建立したのである。故に私祭の乃木神社は乃木聖雄生祠の延長であることは明瞭である。

故に乃木聖雄は生前死後或は名古屋に或は東京にそれぞれ生祠と死祠との両神社を有することになつた。

又有名な小島蕉園と云ふ大人は江戸時代に田安徳川の代官として甲州東山梨郡日川村一丁田中

を治めて居つたが其崇高な至徳に感じて其至誠に動かされ一丁田中の住民は生前から既に蕉園大人を神社を造つて祭祀して居つた。是明かに生祠の一例である。

又新しい処では西忠義といふ方が北海道日高国浦河町に北海道支庁長として勤めて居つた時、蕉園大人と同様に正士義人の真面目を発揮し、凡人の到底及ばない清明正直の至人真人として其地区を治めて居つたから昭和六年忠義大人の存命中に於て神祭され其生祠が浦河の地に出来上つた。（拙著本邦生祠の研究参照）

今かかる実例に依つて生祠の一般性質を知つて後明治神宮の場合に思を廻らすと代々木の神宮は天皇の聖徳に感激して崩御の後に日本国民の至聖所として其創立を拝したのであるが、是に先き立つて私の調査に依れば、北は宮城県、南は広島県、本州中央では長野県等に於てそれぞれ天皇と特別の御縁故の深かつた地区にあつては期せずして天皇の御存命中より早く既に御生祠を建てて天皇を神祭して居つた。

右の文章は、加藤の生祠研究のエッセンスとして要を得たものであり、戦前期に確立した神道理解を着実に受け継いでいます。その特色は、天皇崇拝を絶対化する方向よりも、むしろ日本の偉人奉祀の歴史上で捉えることにあったことが明瞭に伝わるのではないでしょうか。よって、

明治天皇のお詠みになった御製の中から、文字の間違いなど全く心配のない迄に精製された無上至極の歌典であるのみならず、世界の宗教殊に日本の宗教、東洋の宗教、否世界の宗教界のシャンデリアの光り耀く実状とも云えよう。又日本のどの家庭にも一本を蔵して、朝夕若い子供

達の教育書として拝読さすべき神典である。今日西洋に向って現代実行のこの種の書籍を求めれば何人も先ずバイブルを挙げるだろう。今日日本に於てこれを示すものは本書であると私は断言する。

という、最晩年における『新輯明治天皇御集』受贈にあたってのコメント「『明治天皇御集』新刊さる」（『富士文庫報』一六一、昭和四十年）は、加藤の神道観を踏まえてこそ吟味し得るものでしょう。

多仁照廣「勘定奉行石川忠房の生祠について」（『敦賀短期大学紀要』一二、平成九年）が指摘したように、日本における生祠の全国的な調査は加藤玄智『本邦生祠の研究』があるのみであり、加藤が晩年に願った生祠研究の進展は、必ずしも顕著とはいえない状況です。しかしながら、小林健三氏宛の書簡（昭和三十八年五月二十四日）にしたためられた、

生祠研究……この研究は決していそぐものではなく、私が他界した後でも、神道又は神仏研究の好資料とお考えになるなら、私の死後も諸賢の研究題目中に〝生祠〟の一項目をお加え下され、その研究より推して神道または神仏研究に新生面を拓いて頂けば有難し。畢竟私の目標はここにあるのですから……（小林健三「加藤玄智博士の学績」『神道研究紀要』一、昭和五十一年）

との助言は、後学の徒が世代を超えて受け止め、探究を試みるべきものと思います。

十二　御嶽山御嶽神明社と岩手神明講

岩手県一関市花泉町老松字水沢屋敷に鎮座する御嶽山御嶽神明社は、平成二十一年より筆者が奉職する神社です。その由緒沿革、年中行事、神社が講元を勤める岩手神明講の木曽御嶽山登拝、東日本大震災支援活動等について報告し、東北地域における木曽御嶽信仰の特色の一端を垣間見ようと思います。

御嶽神明社の境内地は約一千坪に過ぎませんが、水沢屋敷内の峯と呼ばれる小集落の小高い丘の上に南面して社殿が建ち、東北本線花泉駅（明治二十三年開業）より三キロメートル足らずと市街に比較的近い位置にありながら、周囲は山野と水田の静寂な環境を保持しています。同神社が地元の人々より「おんたけさん」の名で親しまれているのは、社名に由来する以外に、雄壮な御嶽塚を彷彿させる境内周辺の景観によるところがあるかもしれません。

菅原壽清氏は『木曽御嶽信仰――宗教人類学的研究』（岩田書院、平成十四年）の第八章「御嶽信仰の展開」において、木曽御嶽信仰の成立過程を奈良時代から鎌倉時代、室町時代から江戸時代、江戸時代中期から後期、明治時代から昭和二十年、昭和二十年から現代と五期に分けてたどり、現在は講社の多くが神社神道系・教派神道系・新教派系・仏教系などの諸団体に組織されて活動しており、「時代や地域性の上に今日見るような信仰形態が保持され、全体として御嶽信仰が構成されている」と述べています。また、宮家準氏は『霊山と日本人』（日本放送出版協会、平成十六年）のエピローグにおいて、

自然宗教に淵源を持つ日本の霊山信仰は、神社神道を育むと共に、山岳仏教、陰陽道、修験道、さらに富士や御岳の信仰にもとづく教派神道や新宗教を摂取し、しかもこれらを並存、融合させて、日本の民俗宗教として展開したのである。こうした傾向は中国や朝鮮などアジアの民俗宗教にも見られるのである。最初にも述べたように現在は人間中心的な世界観にもとづく合理主義的な思想が破綻し、一神教的原理主義が宗教対立を生みだしている。こうした中にあって、自然の中でも大きな位置を占める霊山の信仰に見られる多宗教の並存、融合の中に、人類にとって真に必要とされる普遍的な宗教のあり方を求めることが必要とされるのである。

と述べて、神社神道を育んだ自然宗教から展開した民俗宗教こそ「人類にとって真に普遍的な宗教」と指摘しました。近代以降における東北地域の神社信仰の一事例を、同時代の木曽御嶽信仰の広がりと関連させて考える上で、こうした宗教人類学や宗教民俗学の成果は示唆に富むものでしょう。

御嶽山御嶽神明社は天照大御神を主神として外に国常立尊・大己貴命・少彦名命の三神（御嶽大神）を祀り、社殿は神明造、例祭は旧暦三月十日（秋季祭は旧暦九月十日）、月次祭は新暦毎月十日です。

創祀年代は不詳ですが、社伝では江戸時代より当地に天照大御神を奉斎する小字名神明社が祀られており、一関藩領の磐井郡流郷（現一関市花泉町）の総合祈願所になっていました。明治三十九年（一九

○六）、佐藤勇蔵（勇嶽霊神、明治二十年五月三十日〜昭和五年四月二十七日）により神社が再興され、木曽御嶽山より御分霊を鎮祭、戦後に御嶽山御嶽神明社と改称しました。この間に度々社殿の修復・改築等が行われましたが、昭和五十二年五月に新社殿の造営に着手し、翌年十月竣工して本殿遷座祭を執行しました。

御嶽山御嶽神明社の主な年中行事は次の通りです。

一月一日　元旦祭（元旦祈禱）
一月十五日　どんと祭
二月三日　節分祭・星まつり
三月上旬　火防祈願祭（春の火災予防週間前夜）
旧三月十日　例祭（春季大祭）・一升餅の祝い
六月下旬　夏越大祓
七月下旬　木曽御嶽山夏山登拝（隔年開催）
旧九月十日　秋季大祭・大護摩祈禱火渡祭
十二月下旬　冬至祭・大祓
十二月三十一日　除夜祭

以上のほか、毎月十日に月次祭、年四回の甲子の日に甲子祭（甲子社）等が執行されています。

正月三が日の初詣には、岩手県一関市・奥州市や宮城県栗原市・登米市など鎮座地周辺を中心に、遠くは盛岡市や仙台市などから例年約五千人の参拝者が訪れ、家内安全や商売繁昌、厄祓い等の祈禱や神符・守札・縁起物・神籤の授与が行われます。元朝参りの風習により一月一日の参拝者が最も多く、一関市花泉町老松地区の恒例行事である元旦歩け歩け大会は、老松公民館より地区内の神社（豊隆神社と御嶽神明社が隔年交替）に参拝の後、境内で福引き抽選をする催しでした。平成二十三年（於御嶽神明社）以降、中止になっています。

一月十五日のどんと祭では、午前より境内の納札所に集まった古神符や正月飾り等のお焚き上げを行います。このほか老松地区内の水沢集落では、子ども会の冬休み行事として、児童とその親が例年集落内の各戸より正月飾りを回収し、御嶽神明社境内で小規模などんと祭を行っています。一月十五日に開催していましたが、近年は冬休み期間の短縮に伴い一月十日前後に行うようになりました。

二月三日には節分祭・星まつりが行われます。節分祭は季節の変わり目に陰陽が対立して邪気を生じ、災禍をもたらすことから、これを祓うための豆まきを行うもので、同時に執り行う星まつりは、その年の星まわりが中央、北、艮、坤に位置する年齢の人の厄災を祓うため、鳴動神事（釜鳴り神事）による祈禱を行うものです。参列者は約二百名にのぼります。

三月上旬の火防祈願祭は、春の火災予防週間前夜に地区の消防団が参列して行われます。

旧暦三月十日の例祭（春季大祭）には御神火光明焚火神事が伝承されてきました。また、平成二十一年より一升餅の祝い（一歳児餅参り）が例祭を奉祝して行われ、一歳児が一升の鏡餅を風呂敷で背負い、拝殿を参進します。

六月下旬の夏越大祓は、境内に設けた茅の輪をくぐった後、殿内で大祓式の神事を行うものです。平成二十六年には、海の日にチャリティ行事と合わせて開催しました。

七月下旬には岩手神明講の木曽御嶽山への夏山登拝旅行が隔年で実施されています。昭和六十年代以降の登拝旅行は、貸し切りバスを利用して実施されており、黒沢口登山道より登拝して王滝口田の原に下山し、清滝で禊行を行う登拝行事と、下山後は長野県をはじめ近隣の有名社寺への参拝や観光地見学を実施していました。平成九年の登拝旅行（七月二十五日〜二十九日）では、台風の影響で頂上宿泊が困難なため、登拝道を急遽黒沢口より王滝口に変更し、頂上に宿泊せずに田の原に下山する行程となりました。これが契機となって、平成十年代以降は王滝口からの登拝が定着して現在に及んでいます。

旧暦九月十日には秋季大祭と神賑行事（郷土芸能の奉納）、大護摩祈禱火渡祭が執り行われます。大護摩祈禱火渡祭では、白装束を身につけた約百名の参拝者らが、素足で燠の上を渡り無病息災や家内安全などを祈ります。祭儀は、神職と行者が境内に特設された式場に整列、祝詞を上げた後、護摩檀に点火し、信者達によって祈願をかけた護摩木が護摩檀の周囲を回る「回り行」と共に御神火の燃えさかる大火焰の中に投げ込まれます。やがて御神火は鎮静し火渡りの開始となり、先ず焚火司長が神社本殿に奉安する本幣を持って渡り、次に二人の副司長が御神刀と代表の神札を持って渡ります。その後に白装束の奉仕団、一般参拝者と続きます。

九月より十二月頃まで、七五三詣の昇殿参拝が随時行われます。

十二月上旬より神宮大麻と正月飾り（幣束、アミ飾り、大年神・大国主神・事代主神の神像など）が崇敬者に授与されます。

十二月下旬の冬至祭には、年末の大祓を併せて催行し、祈禱符のほかカボチャの入った直会弁当や柚子が参列者に授与されます。

以上が、現在行われている主な年中行事です。

菅原壽清氏の『木曽御嶽信仰――宗教人類学的研究』第八章「御嶽信仰の展開」によると、御嶽信仰は山を対照にした山岳信仰ですが、活動の場はむしろ平野や里にあり、都市または地域社会において所属する教団の教義や講社独自の修行・儀礼、さらに地域社会の宗教文化や時代の社会状況などの諸要因の中で活動が維持されてきました。東北地域の木曽御嶽信仰は、木曽地域や中部地域、関東地域に比べて講社や教会数が少ない上に、御嶽神明社と岩手神明講はその極僅かな、歴史的に新しい一事例に過ぎず、御嶽山への登拝や火渡祭などの活動と、神社神道の祭儀、地元伝来の年中行事などが中心になっています。また、宮家準氏（『霊山と日本人』エピローグ）の「霊山の信仰に見られる多宗教の並存、融合の中に、人類にとって真に必要とされる普遍的な宗教のあり方を求める」という視点に立てば、諸宗教の差異を超えた、山岳信仰の近現代的展開（庶民の霊山登拝）の一事例として捉え得るかもしれません。

平成二十三年三月十一日の巨大地震、四月七日の余震と、震度六弱の揺れを二度観測した岩手県一関市は、家屋をはじめ農業、工業、商業、社会資本などに被害を受けるとともに、大津波の甚大な被害を受けた陸前高田市や宮城県気仙沼市に隣接しています。市は市民と一体となり、一日も早い市民生活の復旧に取り組むとともに、古くから交流の歴史があり最も近隣の沿岸地域の復興に向けた後方支援を継続してきました。市民生活の復旧と沿岸地域の後方支援の併行した推進という目標のもと、各々出来る限り努力することを提唱する市の姿勢に市民の多くが共感したと思われます（勝部修・一関市長「市民の皆様へ（平成二十三年四月十一日）」『広報いちのせき』一三五号、平成二十三年五月一日）。

御嶽神明社では、地元の市民活動団体であるいちのせき市民活動センターや老松活性化同志会と連携した陸前高田への野菜提供支援、福祉バザー（御嶽神明社総代会と共催）、チャリティ足もみ体験会（仙台市・オーバーラップと共催）、大槌稲荷神社など沿岸神社への支援活動などを行ってきました。東日本大震災より一年五カ月が経過した平成二十四年八月より、「おんたけさん友だちネット」という活動名のもと、復興応援に長期にわたり力を注いでいく考えです。現在の主な活動は、御嶽神明社のホームページ（http://www.ontakesan.jp/）で紹介し、趣旨に賛同する方々のご支援ご協力を呼びかけています。

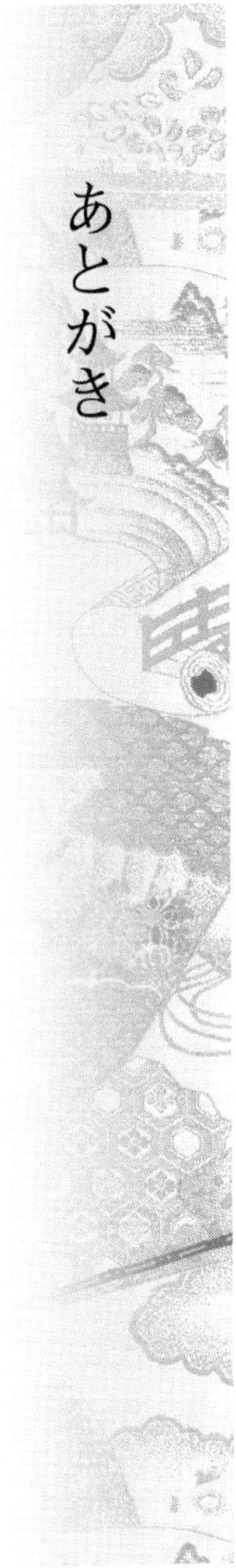

あとがき

本書は筆者の神職歴二十年の節目に、これまでご指導ご鞭撻を賜った皆様への感謝をこめたものです。頁数や体裁、言葉遣いなど、一般の皆様にもご覧いただき易いよう心がけ、分量を大幅に減らしたものが多くなっています。参考にした拙稿を掲載順に掲げると次の通りです。

明治改暦と日本の正月（『国体文化』一〇六二、平成二十四年）

ＧＨＱの神道観に関する一考察――『日本の宗教』を介して――（『明治聖徳記念学会紀要』復刊四八、平成二十三年）

アメリカの神道観に関する一考察――ロバート・Ｏ・バーロウ『神道』の紹介――（『國學院大學研究開発推進センター研究紀要』六、平成二十四年）

明治期イギリス人の神道論に関する一考察――Ｗ・Ｇ・アストン『神道』について――（『國學院大學研究開発推進センター研究紀要』七、平成二十五年）

新渡戸稲造における維新と伝統――日本論・神道論を手がかりに――（『明治聖徳記念学会紀要』復刊四五、平成二十年）

明治維新と明治の聖徳（『神園』一、平成二十年）
教育勅語と建国の思想（『明治聖徳記念学会紀要』四九、平成二十四年）
昭憲皇太后の坤徳を仰ぎ奉る（『神社新報』平成二十六年一月六日）
明治の聖徳――明治神宮創建の源流を尋ねる――（『国体文化』一〇一五、平成二十年）
「感化」と「感化院」の時代（『日本学研究』五、平成二十二年）
近代東京の神社創建と慰霊・顕彰・崇敬――明治神宮・靖國神社を中心に――（『國學院大學研究開発推進センター研究紀要』三、平成二十一年）
明治・大正の招魂社案内記――靖國神社・護國神社の由緒と文芸――（『國學院大學研究開発推進センター研究紀要』五、平成二十三年）
明治神宮所蔵「加藤玄智博士生祠研究資料」――紹介と若干の考察――（『明治聖徳記念学会紀要』復刊四六、平成二十一年）
御嶽神明社と岩手神明講――東北地域の木曽御嶽信仰の一事例――（菅原壽清編『木曽御嶽信仰とアジアの憑霊文化』、岩田書院、平成二十四年）

発行にあたり、明治神宮聖徳記念絵画館、株式会社錦正社・中藤政文会長、中藤正道社長に格別のご厚情を戴きましたことを記して感謝申し上げます。

平成二十六年錦秋

佐藤一伯

著者略歴

佐《さ》藤《とう》一《かず》伯《のり》

昭和44年、岩手県生まれ。岩手大学人文社会科学部日本思想史専攻卒業。國學院大學大学院文学研究科神道学専攻博士課程修了。明治神宮権禰宜・主任研究員を経て、現在、御嶽山御嶽神明社宮司。國學院大學研究開発推進機構共同研究員。岩手県神社庁研修所講師。博士（神道学）。

主要著書
『明治聖徳論の研究――明治神宮の神学――』（平成23年度神道宗教学会賞）

〔現住所〕〒029-3103　岩手県一関市花泉町老松字水沢屋敷161-2

世界《せかい》の中《なか》の神道《しんとう》

平成二十六年十月二日　印刷
平成二十六年十月八日　発行

※定価はカバーなどに表示してあります。

著者　佐藤一伯
発行者　中藤正道
発行所　株式会社　錦正社
〒一六二―〇〇四一
東京都新宿区早稲田鶴巻町五四四―六
電話　〇三（五二六一）二八九一
FAX　〇三（五二六一）二八九二
URL　http://www.kinseisha.jp/

印刷所　株式会社文昇堂
製本所　株式会社ブロケード

ISBN978-4-7646-0119-2